藤田徳人・上原英範

恋は打算的なほどうまくいく

WANIBUNKO
39188

恋は打算的なほどうまくいく

*もくじ

CHAPTER 1

＊男と女はこんなに違う

CHAPTER 2

*男の考え方、女の考え方

CHAPTER 3

*人はなぜ恋に落ちるのか

CHAPTER 4

＊女が男に求めるもの、男が女に求めるもの

CHAPTER 5

*男と女の騙し合い

CHAPTER 6

*フェロモンの秘密

CHAPTER 7

＊どうして愛は終わってしまうのか

CHAPTER 1 *

男と女はこんなに違う

近年、さまざまな研究が進むうちに、男性と女性では異なった特性を持つという事実が次々にわかってきました。「男と女は同じ生き物だ」というのは一昔前の話なのです。この世の中には男と女と、わずかのゲイしかいないわけですから、この男女の違いを理解することができれば、自分と相手の理解を深め、よりよい関係を築くための手助けになるに違いありません。

逆にこのことがわかっていなくて、自分と同じ生き物だと思い込んで接してしまうと、せっかく相手のためを思ってしていることが、かえってマイナスになったり、お互いの気持ちがわからずに、あらぬ誤解を招くことになるのです。

もちろん男女は平等で、差別するわけではありません。ですが、身体的な構造、考え方、行動に違いがあるという事実をしっかりと学び、区別して考えることが、恋愛上手になるための近道といえるでしょう。

男はなぜ浮気するのか？

「浮気は男の甲斐性だ」といわれるように、かなり昔から男性の浮気は「仕方がないもの」として片づけられてきました。しかし、女性にしてみれば仕方がないではすまされず、「そんなの男の勝手だ」となるわけで、お互いの意見はすれ違うばかりです。もちろん女性も浮気をすることはあります。しかし、世の中には浮気する女性よりも、浮気する男性のほうが圧倒的に多いのです。なぜそうなるかというと、じつは男性には「たくさん浮気をするように」という命令が、遺伝子の中に組み込まれているからなのです。

すべての生き物は遺伝子の命令に逆らうことができません。たとえば、アヒルの子供には、卵の殻を破って生まれて最初に目にした動くものの後をついて歩けというう、遺伝子の命令が組み込まれています。これは誰に教わったわけでもなく、長い進化の歴史の中でそうしたほうが生き残るに有利だったからこそ、その本能が備わったのです。その証拠に、アヒルは動くものなら何でも、その後をついて行ってしまいます。犬でも、おもちゃでも、サッカーボールでもかまいません。最初に目にした動くものであれば、その後をついて行くのです。

それと同じように、男性には「たくさん浮気をしなさい」という遺伝子の命令がインプットされています。つまり「まったく浮気をしたくない」「一生、君だけだよ」なんて一途な男性はいないということです。

「そんなことないわ、世の中には誠実な男性もいるはずよ」そう思っているあなたは、この先、男性に騙され続けるハメになるでしょう。本能、遺伝子レベルで完璧に誠実な男性がいるとすれば、それこそが生物学的には突然変異ということになってしまうのです。

かといって、「やっぱり男の浮気は仕方がないということか」と落ち込むこともありません。浮気をせずにつき合ったり、結婚生活を送っている男性も確かにたくさんいます。ここがアヒルとは違うところです。でもそれは、「浮気なんて考えたこともない」「まったく浮気したくない」のではなく、「浮気せよ」という遺伝子の命令と必死に戦っているだけか、もしくは、女性の心を奪うために誠実さを武器にしているだけ……、そんな理由でしないだけなのです。つまりは我慢しているわけですが、そのことは次のデータを見ていただければ一目瞭然です。

渋谷で若い男女200人に街頭アンケート調査をしたところ、「恋人がいても他の異性とエッチしたいか?」という質問に対して、イエスと答えたのは、男が75%、女が17%でした。明らかに浮気をしたい男性のほうが女性よりも多かったのです。この差は歴然です。では残りの25%の男性は浮気をしたくないという、女性のみなさんが探し求めていた誠実な男性なのでしょうか?

そこで次のような質問をしてみました。「絶対にバレないという保証があったら浮気しますか？」という質問に対して、なんと94％の男性がイエスと答えたのです。
このことから、ほとんどすべての男性が、「バレなければ浮気したい」と思っているのであり、浮気心がないのではなく、理性で一生懸命ブレーキをかけているのだということがわかります。しかも残りの6％の男性に関しては、恐らく、浮気をしないことを最高の武器として、浮気する男性たちと競争していると考えられます。

たとえば、あなたはゴミをきちんとゴミ箱に入れるまじめな方だったとします。ところが、世の中にはゴミをどこにでも捨てるズルい人がいます。あなたはこのズルい人を批判するでしょう。ですが、批判するためには、自分は絶対にゴミをそこらじゅうに捨てないという固い決心が必要になるはずです。当然、浮気者を批判して蹴落としたい男性にとっては、絶対に浮気しないと誓う必要があるわけです。まあ、そのような男性が6％存在したということになります。

ですから女性のみなさんは、浮気を本能的にしたがらない突然変異体の男性がこの世の中のどこかにいることを信じて探すのではなく、いかに男性に浮気をさせないか、あるいは、いかに浮気をしないようにがんばれる男性を探すか、それを考えるべきなのです。

男が浮気者なのは遺伝子のせい

では、なぜ男性には浮気者の遺伝子が組み込まれたのでしょうか？　その答えを一言でいうと、やっぱり「そうならなければいけなかったから」です。「そんなの男の勝手な言い訳だ！」と思われるでしょうが、もしもそうでなかったら、人類はここまで繁栄しなかったでしょう。このことを説明するには、はるか昔の時代に遡らなければなりません。

昔、ある村に、とっても浮気者のA君と、非常にまじめで誠実なB君という2人の男性がいました。B君はある女性を好きになり、一生懸命、一途に尽くし、結婚し、かわいい赤ちゃんを作ることができました。その後も夫婦仲よく浮気もせずに、1人の子供を大切に育て、その一生を終えました。ところがA君は性欲旺盛で浮気者。次々といろいろな女性に「愛してるよ」「君だけだよ」と言っては口説きまくり、なんと3人の女性に子供を産ませたのです。

そんなやんちゃなA君がその一生を終えたとき、次の世代には浮気者A君の遺伝子を受け継いだAチャイルドが3人、誠実者B君の遺伝子を受け継いだBチャイルドが1人いることになります。これを何代も何代も繰り返すとどうなるでしょうか？　そう、浮気者の遺伝子が圧倒的に増えるのです。そして誠実君の遺伝子は絶滅状態になります。これが男性が浮気者でならなければならなかった理由で、あなたのご先祖様も浮気者だったからこそ、あなたが生まれてきたわけです。

まあ、実際はこれほど単純ではありませんが、男性が浮気者である簡単な仕組みがわかったと思います。つまり「より多くの女性により多くの種をまく」ことが、生存競争に有利だったのです。これが種の保存の本能であり、男性には逆らえない、遺伝子に組み込まれた命令なのです。だからこの浮気の本能は「仕方がない」となってしまうのです。

では、なぜ女性のあなたには男性ほど活発な浮気者の遺伝子が組み込まれていないのでしょうか? 中学校のときに習った染色体という言葉を思い出してみてください。人間の細胞には性染色体という組織があり、XXならば女性、XYならば男性になります。男性と女性の違いはこの染色体の違いによって分けられるのですが、この活発な浮気の遺伝子はおもにY染色体に受け継がれます。つまり、あなたのパパが浮気者であっても、あなたが女性ならば浮気者の遺伝子は受け継がれないのでご安心を。ただし、女性も男性ほど活発ではありませんがよく浮気をします。しかし、それは「今の彼よりも優秀な男性の遺伝子が欲しい」とか、「よりよい遺伝子を選びたい」という本能が中心で、男性のように誰とでもセックスしたいというものではありません。なぜならば、女性は何千人の男性と浮気をしても、1年間にほぼ1人の子供しか産むことができないからです。浮気をした数だけ、子孫を増やすことができる男性とは訳が違うのです。

それでも「納得いかない！」「浮気者の男はどうしても許せない！」と思う女性は、浮気者の男性を世の中のすべての女性全員で徹底的に相手にしないという協定を結んでください。そうすれば、浮気者は誰ともセックスすることができずに、結婚も、子供を作ることもできず、いずれ浮気者の遺伝子は絶滅してしまうはずです。すると、1万年後くらい先の未来では、男はみんな誠実君になっているかもしれません。

ところが、そうはうまくいかないのです。厄介なことに、じつはこの浮気の遺伝子にこそ、男性の魅力をアップさせ、女性を惹きつけるための秘密が隠されているのです。これについては後ほど詳しく述べますが、女性は「誠実な人が好き」と浮気者を排除しようと思う一方で、「悪い人だってわかってるの、でも好きなの」というように浮気者を好む傾向があり、一部の女性が浮気者完全排除運動の協定を結んだとしても、かならず抜け駆けする裏切り者の女性が現れてしまいます。

「浮気者には絶対セックスさせない」と約束したにもかかわらず、隠れてセックスする女性は現れます。なぜなら、よりいい男をゲットするためには肉体という武器を使ってズルをし、抜け駆けしたほうが有利だからです。というのも、男性に一途者が増えると、女性がその男性を騙して、浮気をした数だけ男性から愛情を注いでもらえるからです。一妻多夫というやつですね。とくに実力が低い女性はそうしなければ自分自身も生存競争で負けてしまうからです。

ですから「彼は浮気ができない人なの」なんて決めつけたり、「彼は誠実な人だから浮気しない」と思い込んだり、「どこかに浮気しない人がいる」なんていう幻想を抱くことは非常に危険です。男性は必死に浮気心を抑えているのだということを理解し、女性自身も浮気をされないように努力しなければ、かならず「こんな人だとは思わなかった」「騙された」となるのです。「そんな面倒くさいことヤダ」という方は、浮気の一つや二つは許す、というくらいの覚悟が必要でしょう。

なかには「バレなきゃオッケー」と言う女性もいますが、これは事実上の浮気公認宣言で、そんなことを言えば間違いなく浮気されます。泥棒に「バレなきゃ盗んでもいいよ」と言って、手錠を外してあげるようなものです。つき合った時点で、「浮気したらどんな理由であろうと殺す！」くらいに言っておくことをお勧めします。

女はなぜ別れると急に冷たくなるのか？

通常の恋愛の場合、男性側のアプローチに対して女性も徐々に好意を持ちはじめ、男性側が決断を迫り、女性がＯＫする、というのが一般的です。もちろん逆もありますが、多くの場合は男性が先に惚れ込んで、女性がそれを受け入れる、というのが普通の形といえるでしょう。

ところが、決断した時点では、女性はＯＫとは言っているものの、完全に惚れ込んでいるわけではなく、半分くらい迷いがあるものです。よく、別れたい理由として「好きになれそうだと思ったの」などと言う女性がいますが、男性にはこの感覚は理解しづらく、「だったらつき合うなんて言うなよ」と言いたいところですが、女性からすると「一生懸命好きになろうと努力したんだけど、どうしても」となるわけです。つまり女性は、男性ほど急激にのめり込むことは少なく、つき合いながらも男性を細かく観察し、冷静に評価する傾向があります。

男性が「より多くのところにより多くの種をまく」本能であるのに対して、女性は「より優秀な遺伝子を選び抜き、それを自分につなぎ止めておくために男性を厳を選し、子育ての環境を整える」本能なのです。だからこそ簡単には惚れずに、じっくりと選び、見極める。そしてこれだと決めたら思いきりのめり込む、でも他にいい男性ができたら前の男性をすぐに忘れる、そういった能力が必要なわけです。

このような本能を持つ女性がいったん「この男は自分に合わない」とか「こっちの彼のほうがステキかも」と思ったら、すぐさま劣っているほうの男性を完全に切り離そうとします。そして次に乗り換えるわけですが、もちろんこれは基本的な行動の傾向であり、情や未練があった場合や、次の恋に進むのに障害がある場合などの例外もあります。

しかし、明らかに新しい男性のほうが優秀で、相手も自分のことが好きな場合や、昔の男性に完全に見切りをつけた場合は、次の恋に乗り換え、昔の彼には非情なまでに冷たい態度をとるようです。もちろん、ふった立場の女性からすれば、これからもお友だちとして適度につながっていようと、そんなにむごい扱いはしていないつもりなのですが、恋愛感情を抱いたままふられた男性にしてみれば、非情としかいいようがないわけです。なぜ女性がふった男に未練を感じないのかという理由も、男性が浮気者でなければならなかったのと同じように、「そうならなければいけなかった」理由があるからなのです。

有望な男にすぐ乗り換える女の本性

またまた、はるか昔の時代に遡ってみましょう。昔ある村に、女性Aさんがいました。Aさんは男性C君と恋に落ち、結婚して子供を産みました。ところが昔の男D君とも腐れ縁の恋を続けていて、それがC君にバレてしまいました。するとどうなるでしょうか？　Aさんの本命C君は自分の子供を育てることを放棄するようになったのです。

男性は自分では子供を産めないので、その子供が本当に自分の子供かどうか知る術《すべ》がありません。「もしかしたらその子供はD君の子供かもしれない」と疑いを持ちはじめると、その子供と奥さんのAさんに対して獲物を分け与えたり、危険から守ってあげることをしなくなるのです。

現代社会では女性も一人で生き抜くことは可能ですが、われわれが今、受け継いでいる遺伝子は何十万年も前の遺伝子なのです。そのころは、まったく男性の手を借りずに妊娠の10カ月を過ごし、さらに生まれたばかりの乳児をかかえながら食料を採取して自分と子供の両方を食いつなげることは不可能だったでしょう。だからこそ、女性は本命の男性以外はキレイさっぱり切り捨てなければ、自分自身やその子供さえも生き残ってはいけなかったのです。つまり、「この子供の男親はあなたなのよ」ということをしっかりアピールするために、昔の男は邪魔だったのです。

一方、とてもお人好しなのですが、惚れっぽく、すぐに男性に騙されてしまうBさんがいたとしたらどうでしょう？　ろくでもない男にすぐ騙されてしまうので、他の女性に目移りして捨てられたり、子供を産んでもきちんと育ててもらえず、その結果、子孫は繁栄しないでしょう。つまり、優秀な遺伝子を持った男性を見極め、誠実な男性を選ぶ力がない女性と、一度に多数の男性と交際するような浮気性な女性は絶滅の道をたどるのです。

これが女性の生殖戦略です。自分にとって最も優秀な遺伝子を見極め、選び抜く。そしてコレと決めたら一途に尽くし、他の男性には脇目もふらず排除していく。この本能的能力こそが本命の男性をいつまでも自分につなぎ止めておくため、子孫を繁栄させるために必要だったわけです。

もちろん男性とて、生まれてくる子供の面倒をまったくみず、女に産ませっ放しの超最大級浮気者の遺伝子を持つ人は子孫を繁栄させることが不可能です。誰も面倒をみなければ、生まれた子供の多くは野たれ死にするだけです。だから男性は生まれた子供を養わなければならず、それをしないまったく浮気者の遺伝子も絶滅する運命にあります。ですから、男性は「浮気者ではない」一面も確かに持っています。

この一面は鳥類のオスを観察すればわかります。鳥類は卵をかかえて温めなければならないので、多くはオスの協力がなければ子供が育ちません。ですから、鳥類のオスの多くはしっかり子育てに参加するわけです。

ではどのようにして浮気をするのか？　それはヒナが孵《かえ》って抱卵する必要がなくなったら、まっしぐらに浮気を開始するわけです。つまり、一度にたくさんの浮気は難しいのですが、順次、彼女をキープして、並列ではなく直列で浮気をしていきます。ここが大切です。時期をずらせばいくらでも浮気が可能で、そのためにメスを順次キープします。この原理が、他に好きな女性ができても完全には切り捨てずに、都合よくキープしようとする男性の傾向を作ります。「彼女と別れて」なんて面倒くさいことを言い出さないかぎり、完全には乗り換えずに、キープしようとします。

ですから女性のみなさんが恋愛において幸せをつかもうとするならば、男性に騙されずに、優秀な男性を選び抜くこと。そして優秀な男性を見つけたら自分に惹きつけておくこと。そのためには貞淑で本命以外の男性には目移りしない、ということをアピールする能力がどうしても必要になるのです。

ただし、この能力は葛藤と悩みの能力ともいえます。自分一人につなぎとめておくためには、少々質の悪い男をあえて選び、自分にぞっこんにさせておかなければならないし、優秀な遺伝子を持つモテる男を選べば、浮気されるからです。この葛藤があるから「好きになろうと思ったけど、なれなかった」となるわけです。

男はなぜ愛がなくてもエッチできるのか?

「男は愛がなくてもエッチできるのか?」この問題に答えを出すには、男というものをよく知らなければなりません。

確かに、彼女がいても浮気はするわ、お金を払ってまで風俗には行くわ、そこそこエッチなビデオは見るわ、「性欲だけで生きているの?」と女性に言われても仕方がないほど男性の行動は単純です。男性の本能が「より多くの女性により多くの種をまく」という種の保存の本能であるということは述べましたが、この本能による命令を忠実に実行する役割をしているのが、テストステロンという男性ホルモンです。

このホルモンが男性の精神に及ぼす影響力は強大で、男性はこのテストステロンに1年365日振り回されて生きている、といっても過言ではありません。男らしい肉体を作り、精子を作り、集団をまとめ、仕事を一生懸命やらせ、ギャンブルに夢中にさせ、ケンカや浮気、オナニーまでもさせてしまう。

しかも、テストステロンの分泌量が多い男性ほど女性を惹きつける魅力が多いことも事実で、男性がモテるためにはテストステロンは必要不可欠なホルモンなのです。

そして、男性はテストステロンの欲求を満たすことで気分が晴れ晴れし、大きな満足感を得られます。そのくらいこのテストステロンは男性にとって重要なホルモンで、テストステロン＝男、つまりテストステロンを知れば男心が手にとるようにわかってしまうのです。これが「男は単純だ」といわれる理由でもあります。

このテストステロンの最大の特徴は、なんといっても、男性に攻撃的性欲を芽生えさせることです。つまり積極的に発情し、「たくさんの女性とたくさんセックスをしたい」という欲求を起こさせるのです。だからこそ、合コンし、街でナンパし、お金を払ってまで風俗に行き、出会い系サイトでも嘘をつき、とにかく女にモテよう、エッチしようとするのです。ですから「男は愛がなくてもエッチできるのか？」と問われれば、正直「できない」とは言い切れません。ですが男性の立場から言い訳するならば、エッチしたいと思うこと自体が愛なのであって、愛がないのにエッチするわけではないのです。

男の「エッチしたい」にはレベルがある

「そんな単純な愛なの？」と女性はあきれるかもしれません。しかし、男性には愛情のレベルというものがあって、「１回だけならエッチしてもいい」から、「遊びでならエッチしたい」「ちゃんとつき合ってぜひエッチしたい、けど他の女の子ともエッチしたい」「なるべく君とだけエッチしたい」「一生大切にして君とだけエッチしたい」と、さまざまなレベルがあるのです。しかし、どの場合にも同じ「好き」「愛してる」という表現を使います。女性も「愛している」という言葉を使うわけで、その意味は男女共通と思ってしまいがちですが、じつは完全に同じではないことも多々あります。

逆にいうと、女性は男性のこの「エッチしたい」という気持ちが、どのレベルの「愛してる」に該当するのかを見極めなければなりません。男性は女性に「本気のエッチしたい」であることを、ときには嘘をついてでも一生懸命アピールし、騙そうとするわけですから、「愛している」と言われたからといって、相手も自分と同じ気持ちであると思ってしまうのは危険です。この男女の違いを認識し、見極めることこそが「男を見抜く能力」になるわけです。

男と女、未練がましいのはどっち？

別れた後やふられた後に、後悔したり、「どうしても忘れられない」と、いつまでも諦めきれずにいることを「未練」といいますが、この未練という言葉は、しばしば「女々しい」と表現されることもあります。つまり女々しいとは、文字どおり女女しているということで、いつまでもクヨクヨして泣いていたり、あれこれと悩んでいるのは女性のほうが多いとされています。一方、男性はそのように引きずることなく、キレイさっぱり忘れて前向きに生きることが潔《いさぎよ》く、男らしいとされてきました。しかし、実際に調査してみると、別れた後でも電話してきたり、会いたいとしつこく迫る男性は少なくありません。

「別れた相手に再び恋愛感情がわくか？」という質問を若い男女90名に渋谷の街でぶつけてみると、「わく」と答えた男性は70％にも達しました。ふった、ふられたにはあまり関係なく、「もう一度会いたい」とか、「相手がその気ならやり直したい」

など、未練を感じる男性は多かったのです。しかも「エッチだけならしたいか？」という質問では86％の男性がイエスと答えました。つまり、ほとんどの男性は別れた相手を恋愛対象として受け入れ、しかも、肉体関係だけならばなおさらウェルカムだということがわかるのです。

しかし、女性で別れた相手に再び恋愛感情がわくと答えたのは33％という結果でした。しかも、イエスと答えた女性の多くは、「自分が好きなのにふられた」「浮気されたから仕方なく別れた」などといったケースでした。新しく好きな人ができた場合や、自分から冷めた場合には、未練はないと答えた女性がほとんどだったのです。

なかでも多かったのは「友だちとしてならいいけど、恋愛対象としては無理」という答えで、別れてからも人間的には好きだけど、エッチしたいとまで思う女性は少ないという結果になりました。これらのことを考えると、じつは女々しく未練がましい生き物は男性のほうで、女性のほうがよっぽど潔いといえるわけです。

女性がどうして潔いのかは、先ほど述べた女性の本能を考えればおわかりいただけるでしょう。「より優秀な遺伝子を自分につなぎ止めておく」には、前の彼を潔く切り捨てる必要があったからです。同じく男性がなぜ未練がましいのかも、男性の本能、テストステロンの特性を考えてみればわかるはずです。テストステロンは攻撃的性欲の他に、征服欲を芽生えさせます。つまり、女性を自分の管理下に置きたい、言いなりにさせたい、従わせたい、完全に自分のモノにしたいという欲求です。

これは女性にもいえることだと思うかもしれませんが、若干ニュアンスが違います。男性の場合はその対象が1人ではないのです。つまり、あなただけではなく、他の女性も征服したいのです。ここが女性とは大きく違うところで、男性の征服欲に対して、女性の独占欲と言い換えることができます。

同じやきもちでも、男性の場合は彼女や奥さんだけではなく、多くの女性に対して妬き、女性は限られた特定の男性に対してのみ「自分だけのモノにしておきたい」「自分だけに意識を注いでもらいたい」と、やきもちを妬くのです。

男のやきもちはエッチしたいだけ

この大勢の女性に対する欲求がテストステロンの征服欲なのですが、さらに大きな特徴があります。じつは男性の征服欲は現在のみならず、過去や未来のものにまで及ぶのです。つまり、今好きな女性だけではなく、昔つき合っていた女性や、将来出会って獲得できるかもしれないすべての女性に対して征服欲を感じるのです。女性を多く確保しておいたほうが子孫を多く増やすことができるのが男性ですから、当然といえば当然です。

昔の彼や、将来出会うかもしれない男性にまで独占欲を感じている女性はあまりいないと思います。だから、自分からふったり浮気したりしたくせに、電話してきて「また会おうよ」などと未練がましいことを言ってくるのは、きまって男性なのです。しかもその未練は単なる性欲によるところが大きく、エッチに未練を感じているわけで、かならずしも「まじめにやり直そう」とか、「もう浮気はしないから」と反省したわけではありません。

ここが女性とは大きく違う点で、「また会いたい」などと言われてノコノコ出かけていくと、あとあと面倒なことになりかねません。あなたはただのお友だちとしか思っていないのに、エッチを求められたり、「私のことがまだ好きなんだわ」「まじめにやり直せるかも」などという期待を抱いているのに、彼のほうは体だけが目的だったりということが多々あるのです。

女性がふられた場合や、未練がたっぷりで、どうしても諦め切れないなどという場合は、その男の未練がましさを逆に利用するという手段があります。しかし、かなりのテクニックと駆け引きが必要で、誰もが簡単にできることではありません。都合よく遊ばれて終わる場合がほとんどなので、よい子のみなさんは、くれぐれもマネしないようにと付け加えておきます。

男の「忙しい」は言い訳？

テストステロンは攻撃的性欲の他にも、男性にさまざまな影響を及ぼします。そのひとつが出世に関するものです。

男性は一生懸命に自分の能力に磨きをかけ、ときにはケンカをしたり人と争い、ときには力の強い者にうまく従い、自分の地位を向上させていきます。このように、人に負けないようにがんばる、人と競争して勝つ、出世や成功に向けて努力するといったやる気を芽生えさせるのもテストステロンの作用です。

つまり、一生懸命に努力するのも、浮気をさせるのも同じホルモンの仕業なのです。勉強したり、スポーツをしたり、趣味や特殊な技能を身につけ、人よりも勝るためにはとてつもない努力が必要で、それにはかなりの時間を割かなければなりません。そのうえ、週末には彼女とデートして、平日の夜には合コンを仕切り、男のつき合いにも顔を出さなければなりません。

このようにただでさえ忙しい男性は、よく「忙しい」という言葉を口にします。しかし、この「忙しい」が本当に仕事で忙しいのか、他の女性を獲得するために「忙しい」のか、それを女性は区別しなくてはなりません。

ところが不思議なことに、つき合う以前や、エッチする前はなぜか忙しいとは言わなかったとは思いませんか？　もちろん、自分の仕事が大変なことをアピールしたり、一生懸命がんばっていることを言いたいときに「忙しい」とは言いますが、デートや電話をする時間がないほど忙しいとは言わなかったはずです。「忙しいけどなんとかするよ」と言ったり、忙しいはずなのになんとかデートする時間を作ってくれていたはずです。ここに「忙しい」という言葉の便利さ、都合のよさがあるのです。

他の女をモノにするために忙しい男

じつは、男性が「忙しい」と言う場合はほとんどが言い訳です。つまり女性獲得という目的がある場合は忙しくならないのです。なぜなら、女性獲得こそがテストステロンの至上命令であり、そのためにはいくらでも時間を割くのです。ちょっと考えればわかることですが、本当に好きな人や、大切な人の誘いを忙しいなどという理由では断らないものです。これは女性が「体調が悪くて」と言い訳するのと同じです。「体調が悪い」「仕事で忙しい」と言えば、相手は仕方ないと諦めるしかないし、「大丈夫？ お大事に」「お仕事大変ね、がんばって」と気遣ってさえもらえるわけで、一石二鳥です。万が一、言い訳ではない場合はかならず丁寧で、具体的なフォローがあっていいはずです。

ところが、なかには本当に忙しく、デートに誘ってもなかなか乗ってこない男性もいます。その場合は本当に仕事に夢中で、女性のことなど考えている暇などないのでしょう。しかし、じつはこの本当に忙しい場合も、男性はテストステロンの女性獲得という命令に従っているだけなのです。

そのような男性は一生懸命に仕事をしたり、努力することで、将来出会うであろう、獲得できるであろう、よりレベルの高いすべての女性のために忙しいのです。男性は一生懸命がんばって努力すれば、出世し、お金や社会的地位を得ることが可能になり、今よりも格段にレベルの高い異性をたくさん獲得できる可能性が大幅にアップします。ですからこのような場合は、あなたがそこそこ魅力的であっても、将来獲得できるかもしれないすべての女性全員が競争相手となっているようなもので、とうていあなた一人では太刀打ちできません。

「仕事と私のどっちをとるの？」と質問する女性がいますが、それは仕事をとっているからあなたとつき合っているわけで、仕事をもっとすればあなた以上の女性とつき合えるのであるから、仕事をとるに決まっています。ただし、ある程度の地位に達し、これ以上素敵な女性とは巡り合えないと男性が思った場合、仕事を少し犠牲にしてあなたをとることがあるといえます。

これらのことを考え合わせると、男性が「忙しい」と言うのは、本当に仕事で忙しいのか、他の女性を獲得するために「忙しい」のかを区別するまでもなく、束縛をかわすための言い訳であるといえるでしょう。つまり男性の「忙しい」は「他の女性たちのために忙しい」というのが正確な表現であるわけです。

それでも男心がわからないというあなたへ

種の保存とテストステロン、これが理解できただけで男の行動のほとんどがわかったはずです。それでも男心がわからないというみなさんのために、テストステロンについて、もう少し深く考えてみましょう。

じつは、テストステロンには攻撃的性欲という表の顔に加え、もうひとつ裏の顔が存在します。性欲に振り回されて行動してしまう男の愚かな一面は、多くの女性が人から聞いたり、自分で痛い思いをしながら体験して理解できる部分が多いかもしれません。ところが、テストステロンという男性ホルモンに支配され一年中接している男性と違い、ほとんどテストステロンに免疫がない女性にとって、もうひとつの裏の顔、つまりナイーブな一面を理解することは難しいでしょう。

「なぜ私を放っておいて男友だちと遊んでいるの?」

「なんでたまに独りになりたいって言うの?」

「どうしてエッチした後、すぐに寝てしまうの?」

多くの女性が抱く疑問ですが、それこそがテストステロンの裏の顔、孤立願望なのです。攻撃的性欲とはまったく逆に、「独りになりたい」「俺にかまうな」「放っておいてくれ」という欲求を芽生えさせます。自分の世界を作り、孤独を愛する。ナンパしているときとはまったく矛盾した精神状態です。男性自身でもそのことをハッキリと説明できる人は少ないのですから、これを女性に理解しろというほうが無理というものです。

しかし、孤立願望はなわばり意識ともいえ、男性にはとても重要な本能なのです。

犬がお散歩中に片足を上げておしっこをするマーキングという行為で、自分のなわばりを主張するのと同じです。そうすることで自分のなわばりを作り、そこに入ってくるものに警告し攻撃しようとするのです。「なんだ、犬のおしっこと同じか」とバカにしてはいけません。これがあるからこそ、自分の愛する家族や仲間、財産といったものを必死で守ろうとするのです。

ただ、攻撃的性欲と孤立願望は相矛盾した精神状態なので、非常に理解しづらい部分ではあります。たとえば男性が一人でオナニーするのも、この相矛盾した精神状態が関わっているし、エッチした後にすぐに寝てしまうのも、エッチするまでは攻撃的性欲が強いのですが、エッチが終わって性欲が満たされると、孤立願望のほうが強くなるためです。だから男性は、エッチするまではイチャイチャしてきても、終わると背を向けてそそくさと寝てしまうという原理が多少わかるのではないでしょうか。

このように、男性はテストステロンに翻弄されて日々生きているわけで、このテストステロンを理解することが男性を理解する一番の近道であるといえるのですが、女性はよく、このテストステロンの孤立願望の部分を誤解してとらえてしまうことが多いようです。自分に興味がないとか、愛がないとか、はたまた女性にも興味がなく、浮気もしない硬派な人間だなどと思ってしまうことが多いようです。

たとえば、学生時代に不良でツッパっている人も、本当は女性にモテたいがためにやっているのですが、攻撃的性欲と孤立願望が頭の中でごっちゃになり、自分でもどっちなのかわからずに混乱している状態なわけです。女性にはモテたい、でもモテない、カッコ悪い、でもカッコつけたい、女性には興味がある、でも放っておいてくれ、でもセックスはしたい、というように、男性自身もよくわからない状態なのです。女性には興味がないフリをする孤立願望も、あくまでも攻撃的性欲の裏の顔であり、女性には一番理解しづらい部分であるということをお忘れなく。

浮気心を抑えるのは「愛」じゃない！

ここまで読んでいただいて、もうすでにウンザリしている女性の方も多いと思いますが、さらにウンザリさせるようなことを述べてしまうことをお許しください。

男性が種の保存とテストステロンによって浮気者にならざるをえないことがおわかりいただけたと思いますが、では真の愛があれば浮気は防げるのでしょうか？

答えは「?・?」です。「そんな無責任な！」と怒らずに聞いてください。確かに本当に愛していれば浮気をしないように努力することは事実です。ですがそれは理性であって、本能ではいくら愛していようとも浮気したいのが男なのです。

では、その理性を高めるものは何でしょう？　多くの女性はここで勘違いしていることが多いのですが、間違っても愛ではありません。それは一言でいうと、社会的安全性です。

わかりやすい例を挙げると、浮気がバレたら愛する女性を失うかもしれない、会社にもバレたらクビになるかもしれない、今の地位や財産を失うかもしれない、そうなることをなんとかして避けようとすることが社会的安全性なのです。つまり「愛しているから」とか、「浮気はよくないことだから浮気しない」のではなく、「バレたらヤバイ！」から一生懸命に浮気心と戦うのです。理性で必死に本能に対抗しているわけです。

ちなみに、本能とはおもに脳の大脳辺縁系という部分がつかさどっているのですが、理性は大脳皮質と呼ばれる部分がつかさどっており、人間は生物界でも大脳皮質が非常に発達している生き物です。テストステロンが本能によるアクセルであるのに対し、大脳皮質はブレーキの役目を果たしています。しかし、あくまでも理性とは、本能の働きを抑えるためにブレーキをかけるわけではなく、本能を十分に、より機能的に働かせるためにブレーキをかけるのです。ですから理性とは、浮気をしないようにブレーキをかけるのではなく、浮気がバレないように、浮気することによって自分に不利益が出ないようにブレーキをかけるのです。これが社会的安全性です。

この大脳皮質から分泌されるバゾプレッシンというホルモンは、テストステロンに対抗しうるホルモンのひとつです。バゾプレッシンは大脳皮質をフル回転させているとき、つまり真剣に物事を深く考えているときに多く分泌されます。酔っぱらったり、カラオケをしているときには決して分泌されないホルモンであるということです。ちなみに、アルコールはバゾプレッシンを直接的に低下させる薬理作用があります。ですから、普段から真剣に頭を使って物事を考えている人のほうが、何も考えていない人よりも浮気に対しては慎重になります。

確かにテストステロンがなければ、やる気もなく、出世もできず、人を引っ張って行く力も、夢も野望もない、つまり男性的な魅力も少ないということになります。ですから、テストステロンが高い男性のほうが魅力的なのも納得なのですが、テストステロンのいい面ばかりに目を奪われて男性選びをしてしまう女性は多いようです。

「どうしても浮気されたくないの」とおっしゃる女性には、これからぜひ、バゾプレッシンの高さにも注目して男性選びを行うことをお勧めします。

女心と秋の空

女心と秋の空。どちらも変わりやすいということのたとえですが、続いては、その気まぐれな女性について考えてみましょう。

男性が非常に単純であるということは述べましたが、それは「女性と比較して」という意味です。男性はテストステロンを知ることでほとんど理解できるのですが、女性はそう簡単にはいきません。

女性には男性のテストステロンのように精神に強力な影響を与えるホルモンがひとつではなく、いくつも存在します。女性ホルモンの代表であるエストロゲン。母性本能をつかさどるオキシトシン。妊娠すると多く分泌され、性欲を減退させるプロゲステロン。いわゆるフェロモンと呼ばれ、女性の性欲をサポートするＤＨＥＡ（デヒドロエピアンドロゲン）など、代表的なものを挙げるだけでも目が回りそうです。しかも、それらのホルモンが生理周期によって変化し、複雑に影響し合うの

男女の精神に影響を及ぼすホルモンの周期比較

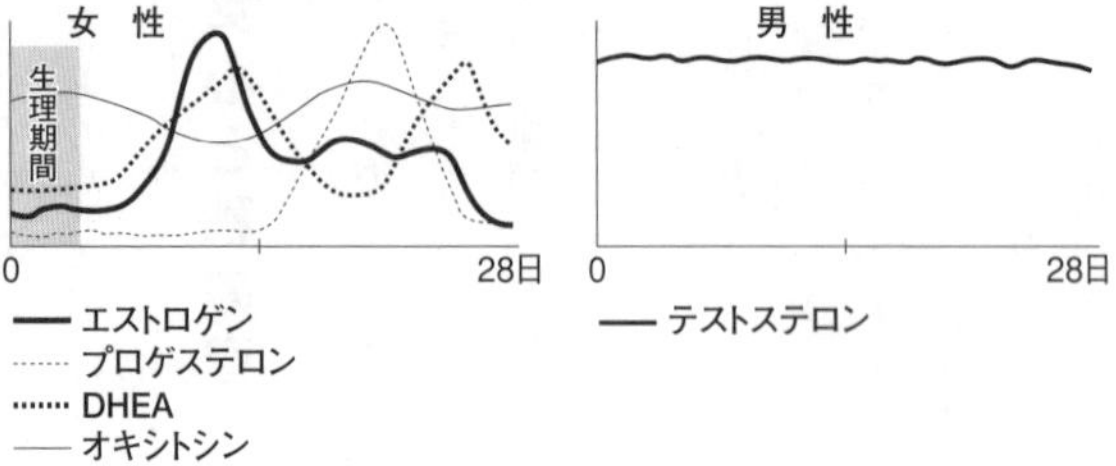

ですからたまったものではありません。

たとえば、男性は一年中テストステロンによって発情しているので、毎日でもエッチしたいのですが、女性が積極的に発情するのは、排卵日の前後と生理前の2～3日のみです。排卵日には女性を発情させるエストロゲンという女性ホルモンが最大になり、生理前は女性ホルモンが最低になり、逆に相対的に男性ホルモンが優位になるからといわれています。ですから、エッチしたいときとエッチしたくないときの差が激しいといえます。生理前でイライラしたり、昨日欲しいと言った物が急にいらなくなったり、さっきまで行きたかったところに行きたくないと言い出すのも、女性ならばむしろ当然といえます。「あなたなしでは生きていけないの」と言ったのに、別れた今も元気に生きていることも、なんら不思議なことではないのです。

こんな複雑な精神状態を持った女性という生き物を相手にしなければならない男性は大変です。女性の気持ちを少しでも理解しようといくら努力しても、女性の気分は生理周期とともに毎日変わるわけですから、わかるはずがないのです。それもこれも、子供を産むという非常に貴重な能力を持った女性に与えられた特権であり、女性の神聖さであるといえるでしょう。

恋する女の性格はかわいい？

恋する女は誰もがかわいい女になるといわれるほど、女性は好きな男性の前ではいい子になってしまうことが多いようです。もちろん、素直になれずに意地を張ってしまったり、わざと困らせるようなわがままをいってしまうこともありますが、基本的には自分自身でもかわいいなと思ってしまうほど、恋する乙女心は繊細です。

これはひとえに、女性ホルモンのなせる業ですが、女性の精神状態に影響を与えるホルモンの代表的なものがエストロゲンという女性ホルモンです。胸やお尻を豊かにし、女性らしい身体を作り、女性としての魅力をアップさせます。さらに、女性の性欲をコントロールし、男性に気に入られようという気持ちにさせ、男性を惹きつける役目を果たします。

このエストロゲンの威力は強力で、チンパンジーなどの霊長類のメスにエストロゲンをアップする薬を与えると、それだけでオスが興奮して群がってきます。逆にエストロゲンを低下させる薬を与えると、オスは見向きもしなくなるほどです。つまり「私はあなたのものよ」という服従的な態度をとらせ、発情のサインとなってオスを惹きつけるのです。最近ではフルーツのザクロに多く含まれているということで話題になりましたが、だからといってザクロを買いに行こうとしても無駄です。確かにザクロには女性ホルモンが含まれてはいますが、男性にモテまくりになるほどの効果を得るまでに、食べ過ぎでお腹を壊してしまうでしょう。同様にブルーベリーが目にいいといわれますが、ブルーベリーを食べて目がよくなるならば、世の中に目が悪い人はいなくなります。

このエストロゲンは、人間では12歳前後と19歳前後が分泌のピークといわれています。12歳前後とは第二次性徴で女性らしい身体を作るためのものなので、実際には女性の肉体的魅力のピークは19歳前後ということになります。つまり、女盛りは19歳までということです。ドキッとした方も多いと思いますが、排卵日の前後には誰でもエストロゲンの分泌量はアップします。多少は個人差がありますし、人間の場合は精神的な成熟度も重要ですから、一概に女性としての魅力が「20歳を過ぎたら下り坂」とは言い切れません。事実、現代の社会では、結婚相手として最も人気がある女性の年齢は、20代の中・後半であるといわれています。

さらにエストロゲンには肌を露出させたくなる効果もあります。おもしろいことに、露出度の高い服を着ている女性ほどエストロゲンが多く分泌されているという、ディッタミという学者の実験結果もあります。つまり、肌を露出することで男性を誘惑するわけです。もちろん意識的にそんなことをしている人は少なく、本能的にそうするわけです。キャミソール、ミニスカート、タンクトップなどのファッションがなぜ男性にウケがいいかというと、発情のサインになって男性を誘惑するからなのです。

そういう目でみると、確かにエストロゲンがピークになる10代の女性たちは肌の露出度の高い服を好んで着ることがわかります。もちろん、宗教や文化的な要因が加わり、肌を出さないこともありますが、本能的には女性は発情すると肌を露出させ、男性を誘いたくなるような生理現象が存在するようです。

ところが、若いうちは露出度の高い服を着たがるのも仕方がないといえますが、落ち着いていい歳になったら考えものです。というのも、発情のサインを出し続け

肌の露出度とエストロゲンの関係 カール・グラマー『愛の解剖学』(紀伊國屋書店)より

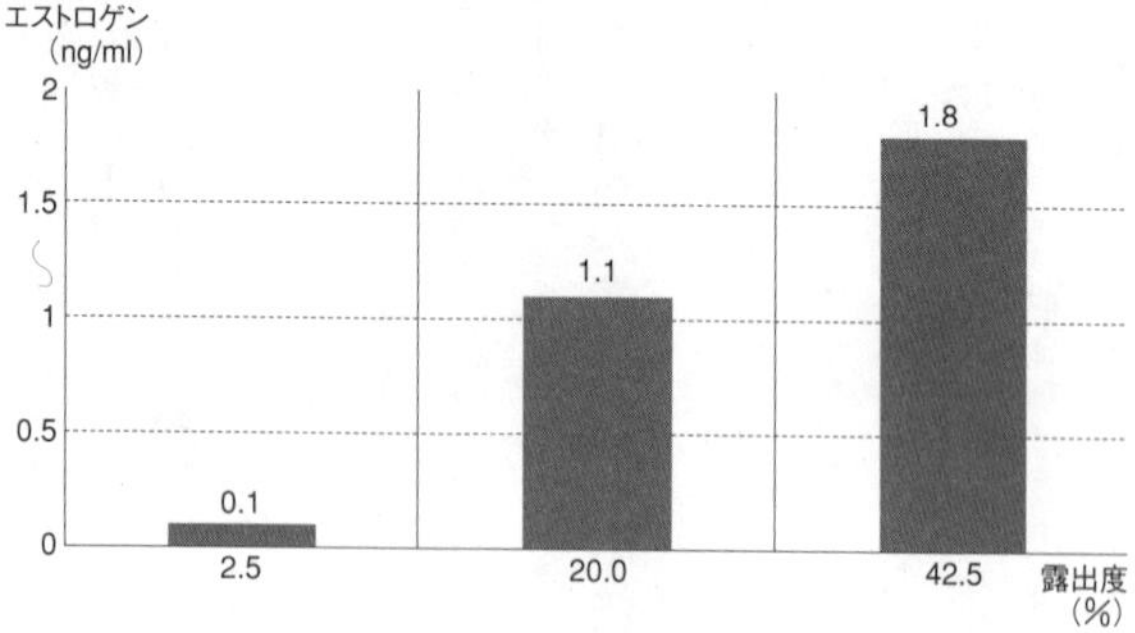

ることは女性にとって不利になることもあるからです。それは貞操観念です。

肌の露出は不特定多数の男性に「私は脂の乗ったおいしい女よ」と宣伝するようなものです。だから、結婚して一人の女性に絞ろうとしている男性にとっては、このサインは他の男に奪われる可能性を高めるので歓迎ではありません。セックス目的の遊び感覚の男性にとっては、非常に都合のいいサインですが、配偶者を選ぼうとしている男性には逆に不適格者を表すサインにもなりえます。ですから、その辺も女性はうまく駆け引きしていかなければならないところといえます。

さて、サルのメスは発情するとお尻が真っ赤になって、オスに発情していることを知らせます。しかし、人間の女性はそのようなあからさまな発情のサインがありません。チンパンジーなどの類人猿に比べると、人間は発情のサインを隠すように隠すようにと進化していることがわかります。たとえば、排卵日がいつなのかは女性自身でもわかりづらいことです。これはなぜでしょう。進化生物学者らはこれを、男性に長期間にわたって子育てをしっかりさせるために発達した現象であると説明しています。

というのは、もしも、排卵日が見た目でハッキリわかる特徴が出るようならば、男性に発情のサインを見抜かれ、そのときになかば強姦されて妊娠させられ、あとは知らん顔ということもされかねません。そうなれば、男性は排卵日の周辺だけ口説くとか、排卵周期以外は相手にしないという省エネルギー型になってしまうでしょう。

つまり、「排卵日=発情している」ということがバレバレでは、男に騙されまくりになってしまうのです。排卵日が隠されているからこそ、男性にしっかりその女性をガードさせ、投資させることができるのです。そうやって男にしっかり子育てを可能にさせた女性は生存競争に有利なわけで、だからこそ、人間の女性は発情のサインを隠すように進化したと考えられています。

男に気に入られようとする女性ホルモン

このように、エストロゲンは女性にとって大変重要なホルモンなのですが、その最大の特徴は、男性を惹きつけるというものです。女性らしい振る舞いをしたり、しおらしくなって男性に気に入られようとさせるわけです。一生懸命に化粧をしたりおしゃれをするのもそうですが、男性の前で従順で清純に振る舞うということが重要で、言葉遣いが変わったり、バクバク大食いするのを控えたり、下ネタも控えるようになります。

逆に、どうでもいい男性に対しては気に入られようという意識が薄くなるので、従順には振る舞わない場合が多くなり、下品な言動や、本音トークができるわけです。ですが、たいていの女性はエストロゲンによって好きな男性の前では気に入られるように振る舞うため、わがままもいわず、相手に合わせようとするので性格もよく映ります。もちろん、つき合いが進むにつれ、だんだん地が出てくるものですが、これがいわゆるネコをかぶるということです。女性がいかに、本能的に男性の子育て参加と養育を望んでいるかということがよくわかります。

もちろん、現代では科学の進歩にともない、文明の利器の力を借りて一人でも子供を育てることができるようになりました。こうなれば、女性があえて男性に従順に振る舞う必要性はないわけですが、それは近代の、しかも先進国でのみ可能なことであり、遺伝子はまだまだ男性の養育能力を手に入れたいと考えるように女性に命じ続けています。それが従順さの源となっていることは間違いないようです。

ところがエストロゲンは女性ホルモンですから、生理があがってしまうと極端に少なくなります。つまりは妊娠する能力がなくなってしまうわけですから、男性を惹きつける能力も必要ないわけで、どんどん女らしさは失われます。

昔懐かしいオバタリアンというのも、生理が終わってしまい、エストロゲンが枯渇してしまったために、恥じらいを忘れ、従順さを失ってしまった女性を指した言葉なのでしょう。しかし男性はあくまでもこのエストロゲンの魅力に惹きつけられるわけですから、たとえお歳をとったとしても、恥じらいや女性らしい振る舞いだけは忘れてはならないと思いませんか？　もしも忘れた場合は、「やっぱ若い子はいいなあ」と夫に言われることになり、浮気の心配も増えるわけです。

従順といっても決して男尊女卑ではなく、あくまで男性の養育を得るための戦略として、従順という方法が進化上発達してきたわけです。ですから、これは男性が偉いなどというために使っているのではないことを付け加えておきます。

なぜ「あなたしかいらない」と思ってしまうのか？

エストロゲンと同じく女性の精神に影響を与えるホルモンのひとつにオキシトシンがあります。このオキシトシンは女性の母性本能をつかさどり、子育てにも重要な関係があるホルモンです。

マウスのメスにこのオキシトシンを与えると、妊娠したことがない子供のマウスでも、オッパイをあげるようなしぐさをしたり、子供を育てるようになることがわかっています。このホルモンがあるからこそ、自分の子供を大切に育て、愛情を注ぐことができるのです。

オキシトシンは子宮収縮ホルモンと呼ばれていて、実際に分娩のときには多量に分泌されるため、生まれた赤ん坊に大きな愛情が芽生えます。無痛分娩や、帝王切開の場合、当然このオキシトシンの量は少なくなるため、愛情が薄くなるともいわれているくらいです。

女性はこのオキシトシンに敏感で、幼少のころからぬいぐるみなどを大切にし、いつまでも抱いていたり、一緒に寝たり、また汚れてもなかなか手放さないのもその影響ですし、若い女性が何を見ても「カワイイ〜」と叫ぶのもオキシトシンならではの特性といえそうです。

また、このオキシトシンは恋愛においても重要な役割を果たしています。母性本能には接触欲求というものがあり、「愛おしい」「かわいいと思うものに触れたい」「ずっと触っていたい」「くっついていたい」と思うのです。実際に接触の快感を高める作用もこのホルモンに存在します。

しかも、このオキシトシンには他のホルモンよりも永続性があると考えられています。というのも、一度分娩を経験し、オキシトシンのシャワーを脳が浴びると、その子供をかわいいと思う効果が持続するからです。どうやらオキシトシンは、かわいいと感じる刷り込み現象を起こさせるのに一役買っているようです。ですから恋愛においてオキシトシンが大量に分泌されれば、愛情はより深いものになり、さらに長く愛情を維持できるといえます。

オキシトシンが欲しいと思った方も多いでしょう。「でも妊娠しているわけでもないし、そんなの無理よね」と思った方に朗報です。じつは子供を産む以外にもオキシトシンが大量に分泌されるときがあるのです。それはセックスでエクスタシーに達したときです。このとき、脳の中にはさまざまな快楽物質とともにオキシトシンも大量に分泌されます。ですから、エクスタシーに導いてくれる男性にはより深い愛情を感じ、エッチが終わっても女性は愛おしいという気持ちが冷めずに、「いつまでも離れたくない」「くっついていたい」と思うことが多いといえます。

このオキシトシンがエストロゲンとともに分泌されると、さらに効果は倍増します。「とにかく抱いて、好きにして」「あなたの他には何もいらない」という気持ちにさせます。マウスを使った実験では、オスにこの2つのホルモンを注射すると、通常はメスしかとらないロードーシスのポーズをとるようになるほど強力なのです。ロードーシスのポーズとは、メスがオスに惚れて、交尾をせがむときにお尻をつきだし「エッチして」と訴えるポーズです。この受け身のポーズをオスがとるのです。

ただし、オキシトシンには理性を低下させ、「それが本当にかわいいのか?」「本当にエッチしても大丈夫?」などといった論理的な考え方ができないようにさせる効果もあるようです。男に甘えられると断れずに、ついエッチさせてしまうという女性はオキシトシンが強すぎるのかもしれません。

ですが、この理性を低下させる作用が「自分の命に代えてでも子供を守ろうとする強い母性愛」の源になっているのです。だから、命を呈してまで子供の命を守ろうとする感情が生まれるのでしょう。人間の身体とはなんとよくできているものなのかと感心させられます。

愛していてもエッチしたくないときがあるのはなぜ？

愛しているからといって、それが即、「エッチしたい」という欲求に結びつきますか？　男性にこの質問をぶつけると、ほぼ１００％がイエスになるでしょうが、女性の場合はかならずしもそうなるとはかぎりません。

その理由はいくつか考えられます。とくにつき合う前や恋愛初期段階では、女性は「簡単に体を許してしまって騙されたりはしないか？」「この人で本当にいいのだろうか？」といった警戒心も強く、「愛情」イコール「エッチ」とは、簡単には結びつかないことが挙げられます。これは女性のほうがエッチに対するリスクが圧倒的に高いからといえます。

つまり、女性はエッチすることによって妊娠する可能性があるからです。他にも病気をうつされたりする危険性も、デリケートな女性のほうが高いでしょう。でも最大のリスクは、なんといっても妊娠と子育てです。もしも遊びの恋で騙されて妊娠してしまうようなことになれば、子供を育てていくのに大変な労力や時間、お金がかかりますし、中絶したとしても肉体的、精神的に傷つくのは女性のほうでしょう。当然、女性のほうが慎重にならざるをえないのは当然です。

では、ちゃんとつき合っているカップルではどうでしょうか？　女性からのＯＫサインが出れば、すぐにエッチの準備可能となる男性に対し、どんなに好きでも、エッチしたくないときがあるのが女性というものです。

１年３６５日テストステロンに支配されている男性は、何かとエッチな方向に話を持っていこうとしたり、会うたびにエッチを求めてきたりするものですが、女性はお話ししているだけ、イチャイチャしているだけで十分、といった性欲のすれ違いを経験した方も多いでしょう。じつはここにも女性の生理周期によるホルモンバランスの変化が大きく影響しているのです。

基本的に男性は毎日発情していて、女性は排卵日の前後と生理前の数日しか積極的には発情しないと述べました。この理由は女性の性欲を大幅に減退させるホルモンの存在です。それはプロゲステロン。このホルモンはエストロゲンとは逆に、性的な快感を抑制し、知覚全般を鈍感にさせてしまいます。さらに女性としての魅力も低下させ、冷静で警戒心も強く、男性に対してオクテにさせます。

たとえばこのホルモンを男性に投与すると、浮気どころか、性的なものにまったく興味がわかなくなります。欧米社会では、異常性欲者や性犯罪者に対してこのホルモンを投与することで、性欲を抑えるという治療に使っていますが、このホルモンはそれほど強力です。つまり化学的に去勢してしまえるホルモンなのです。彼に投与しようと思った方も多いのでは？

さて、女性には生理周期によってこのホルモンが多く分泌される時期があります。排卵日の1週後から次の生理までの間はエストロゲンなどの発情ホルモンが低くなり、このプロゲステロンが最も多くなります。つまりこの期間であれば、女性は非常に発情しにくい状態になることがわかります。もちろん、つき合って1カ月目などといったラブラブ状態であれば、この時期でも発情することは十分にありえますが、ある程度落ち着いたカップルでは、愛があってもエッチしたくないという感情になるのは仕方がないことといえます。

ちなみに、このプロゲステロンは妊娠すると急上昇します。これは妊娠期にエッチのしすぎで流産する危険を避け、赤ちゃんを守るための精神作用と考えられています。じつによくできた人体の神秘ですが、大切なのは愛があるとかないとか相手の気持ちを試すことではなく、男女の違いを正しく理解することで、お互いの理解を深め、お互いを思いやることであるといえるでしょう。

男と女、キレやすいのはどっち？

「お互い思いやりを持つことが重要だ」——そんなことは百も承知でも、なかなかその思いやりが通じなかったり、愛するがあまり、つい感情的になって心にもないことを言ってしまい後になって後悔したり反省する。ケンカするほど仲が良いというように、恋愛とはその繰り返しであり、またそんなすれ違いがあるからこそ盛り上がるという部分もあるのですが、できることなら感情的になったり、キレることなくケンカは避けたいものです。

そもそも、カッとなるということは、理性が吹き飛んでしまい、感情を抑え切れずに興奮するという状態なのですが、これは脳内のアクセル系ホルモンの働きであるわけです。とくにアドレナリン、ノルアドレナリンなどのホルモンがこのアクセルをつかさどり、これらのホルモンを上昇させるのに重要なカギになるのが男性ホルモン、テストステロンです。

このテストステロンは闘争心を芽生えさせ、理性を吹き飛ばし、暴力的にさせるなどの精神作用があります。だから男性は「ちょっと肩がぶつかった」と言っては殴り合いのケンカをしたり、怒り出すと手がつけられなくなるわけです。男性のテストステロンは女性の10倍から20倍の分泌量をほこりますから、当然、男性のほうが暴力的で、キレやすい、ということになりそうですが、実際はそうとは言い切れません。

女性のなかにも、ヒステリックになって彼を責め立てたり、泣きわめいて彼に暴力を振るったりする人はいます。テストステロンは男性ホルモンですが、女性にも分泌されます。その量は男性に比べればわずかですが、毎日テストステロンに振り回され、子供のころからテストステロンに接して、その抑え方に慣れている男性に比べ、女性はテストステロンの扱いに慣れていません。

さて、女性がテストステロンの影響を強く受けるのは、生理前の数日間です。これは前にも述べましたが、女性ホルモンが最低になり、テストステロンが相対的に全体に占める割合が多くなるからです。通常、女性の場合、排卵日付近でテストステロンがピークに達しますが、その際、女性ホルモンはもっと盛んに分泌されており、テストステロンの影響力は強く出ることはありません。ところが生理前はテストステロンが顔をのぞかせます。さらにアドレナリンやノルアドレナリンを押さえ込むはずのセロトニンというホルモンの分泌も低下するので、いったんキレた場合は、男性よりも収拾がつきにくく、手がつけられなくなるわけです。

肉体的に発達した男性の場合、自分よりも強い相手や、権力を持った相手にカッとなって刃向かうと、場合によっては危険にさらされ、命を落とすことにもなりかねません。そのように見境いなく誰にでも簡単にキレてしまう男性が長生きしないことは明らかで、われわれの先祖の男たちは、命を落とさないために、テストステロンをセーブする方法も覚えてきました。現代社会になった今も、男性は目上の人や、自分よりも力の強い者にうまく従い、逆らわないことで自分の身の安全を図っています。

それに比べ女性同士では、上下関係や先輩後輩の区別があまりなく、ケンカになったとしても言い合い程度ですむ場合が多いといえます。逆にいうと、怒ったとしても命を落とす危険性が少ないため、男性のような怒りをセーブするシステムを進化上発達させる必要がありませんでした。

たとえば男性の場合、たった1歳の差でも年上だとわかった場合は、途端に敬語になったりするのに比べ、女性の場合はあまり厳格ではなく、2～3歳年上でも「○○ちゃん」などと呼び合うことがよくあることを考えればおわかりいただける

PMSの精神的症例

●不機嫌で怒りっぽくなる
●感情的になり、訳もなく口論になる
●冗談のセンスが落ちる、また冗談が通じなくなる
●衝動買いをしてしまう
●掃除、洗濯、炊事、細かなことが億劫になる（やる気が出なくなる）
●ちょっとしたことが原因ですべてがいやになる
●物忘れがひどくなる
●男性を性的に挑発するような行動をしたくなる
●ひどい人は、うつ・不安などの精神病が出る

PMSの肉体的症例

痛　み	頭痛、腹痛、関節痛、乳房痛
身　体	体重増加、むくみ、ふるえ
皮　膚	にきび、かゆみ
胃　腸	便秘、下痢、食欲不振
その他	多汗、耳鳴り、動悸、視力低下、めまい

でしょう。とくに芸能関係のお仕事をしている女性などはその傾向が顕著で、多少の年齢差はあっても「ちゃん付け」で呼び合い、上下関係はあまり厳格ではありません。

結局、キレやすいのは圧倒的に男性のほうなのですが、いったんキレた場合にコントロール不能になるのは女性のほうといえるのです。とくに生理前、理由もなくイライラしたり、何にムカついているわけでもないけれど腹が立ち、つい他人に当たってしまった経験をお持ちの方は多いと思います。これこそが生理前症候群（ＰＭＳ）という症状です。前に述べたようなシステムにより、この時期には女性はとてもイライラしやすく「犯罪者でも話せばわかるけど、ＰＭＳの女性は話してもわからない」といわれるほど恐ろしいものです。

ですから、男性は彼女の生理周期をよく把握して、「この時期になったな」と思ったら、いつもより細心の注意を払って接することをお勧めします。もちろん女性のみなさんも、「だってしょうがないじゃん、生理前なんだもん」などと開き直らずに、この時期ほど十分に注意して人と接するように心がけましょう。

CHAPTER 2

＊

男の考え方、女の考え方

男女ではそれぞれ異なった本能を持っており、また身体の構造が違い、影響を及ぼすホルモンも違うわけですから、当然その言動にも大きな違いが生まれます。とくに恋愛においては、同じ人間であっても男と女では微妙に考え方、行動が違ってきます。その違いが、ときに大きな誤解やすれ違いを招くことになります。

「なぜわかってくれないの?」「どうしてそうなの?」と嘆く前に、相手の男性にも、持って生まれた男としての考え方、特性があることを知れば、お互いをより深く理解し合えるはずです。

男はなぜ長電話が嫌いなのか?

「最近、彼からの電話が減った」

「すぐに切りたがる」

「メールはいつも私から」

「私の話に興味を持ってくれない」

そんな悩みをお持ちの方はいませんか? もちろん、なかには「うっとうしいほど電話がかかってきて困る」「しつこい」などと悩んでいる方もいるとは思いますが、基本的に男性はいったん女性を口説いてしまって、そのつき合いが長くなると長電話をしなくなる傾向があります。じつはその理由は、男女の脳の構造の違いにあります。

ここまでは、人間の本能や、精神に影響を与えるホルモンを男女別にみてきましたが、ここからは、男女の脳の構造上の違いから、その能力、考え方の違いに迫ってみたいと思います。

当たり前のことですが、人間は脳で物事を考えます。「心」というとき、心臓の辺りを指していう方がいますが、これは間違いで、あくまでも心は脳の中にあります。ですから脳の仕組みを知ることが心を知る手がかりになるのはいうまでもありません。

ところが、脳に関しては近年まで、男女に大きな違いがないと思われていました。しかし、女性には乳房があり、男性にはのど仏があるように、男女の身体には構造上の違いがあり、同じく脳にも構造上の違いがあることが医学の進歩とともにわかってきたのです。

たとえば、昔から女性のほうがおしゃべりだということはよくいわれてきました。家庭でも、お母さんになんでも話す女性は多いけれど、なんでも話す男性は少ないし、同性同士のグループになった場合でも、やはり口数が多いのは圧倒的に女性です。もちろんこれは確率的なもので絶対ではありません。なかにはおしゃべりな男性もいます。しかし、そのような男性はかならず「男のくせに」と言われてしまうことからも、男性よりも女性のほうがおしゃべりなのは明らかでしょう。

これは決して気のせいではなく、数々の実験でも証明されています。会話やおしゃべりに重要な言語能力をつかさどる脳の部分は女性のほうが広範囲で発達しています。つまり男は口ゲンカでは女性に勝てない傾向があり、言い訳や嘘も女性のほうが上手。みなさんの家庭を考えてみても、お父さんよりもお母さんのほうがたいていおしゃべりです。

そんな男性も、ときには口数が多くなることがあります。たとえば女性を口説くとき、男性は自分の自慢話や、得意なこと、趣味や武勇伝などを得意げに語ります。つき合う前には、うるさいほどしょっちゅう電話をかけてきて、長話をしたり、メールで長い文章を書いてきて一生懸命に女性を口説こうとします。ただし、あくまでもつき合う前や、知り合って間もない間、ふられてしまいそうで不安なときだけのようです。このような条件があると男性が口八丁になる理由は、女性を狩る狩人としての確固たる目的があるからです。

飲み会やデートの誘いの電話でペラペラしゃべるのは、女性を口説くという明確な目的があります。その他にも、仲間同士や会社の仕事、人間関係でのトラブル、もめごとを解決するという目的、女性や営業先のお得意さまを喜ばせようというリップサービスとしての目的、趣味や仕事などにおける意思伝達手段という目的、集団をまとめあげ、統率する目的など、明確な目的がある場合は口数が多くなります。しかし、基本的に男性は女性と比べておしゃべりにはならないようです。

つまり女性と違って、今日見た1時間のドラマの話を2時間もするようなことは苦手で、「見たほうが早いじゃん」となるわけです。当然、長電話などは大の苦手で、明日早くて眠いのに、2時間も3時間も電話してくれるのは、つき合って間もない時期だけというのが普通です。

よく「何か話してよ」「おもしろい話をして」などと簡単にお願いする女性がいますが、そもそもどんなに芸達者なタレントさんでも話を数時間も続けるのは並大抵のことではなく、しかも内容のあることをおもしろく話すのはほぼ不可能です。しかも、2、3日ならなんとか無理ができても、「それを3年間続けろ」と言うのは無謀な要求というものです。

ですから、電話がくる回数が少なくなったとか、話す時間が短くなった、メールの回数が減ったからといって、それが即、愛情の低下と考えてはいけません。もともと不得意な会話を男性はあなたとつき合うまで必死にがんばって続けていたのですから。

しかし、「お話ししたいんだもん」という女性の意見ももっともです。なぜなら、女性は会話することによってストレスを解消することができるからです。話の内容というよりも、話をすること自体が重要で、とにかくおしゃべりをすること自体が楽しくて、ストレス解消になる。つまり会話そのものが目的になれるわけです。これが会話を楽しみとして、コミュニケーションの道具として使える女性との違いなのです。

男にしゃべらせる秘訣

動物を飼う場合、それぞれその動物の習性に合った飼い方があります。犬だったら広い野原で飛び回りたいし、お散歩したいのですが、ずっと鎖につないでおけばストレスがたまります。同じように男性にも扱い方というものがあります。言語能力に劣る男性に、長電話や頻繁な電話、メールを要求するのは大きなストレスを与えます。もちろん、つき合って間もない時期や、彼のほうがあなたを追いかけている状態であれば別ですが、長くつき合うにはストレスになるということです。

だからといって話をするなといっているのではありません。女性は逆に話していなければストレスがたまります。マグロがずっと泳いでいないと死んでしまうのと同じです。つまりは習性なわけですから、そこはお互いの譲り合いが必要で、話の内容が重要なのです。

男性は目的のない会話が苦手なわけですから、目的のある会話をする、目的を与えてあげればいいわけです。今日バーゲンセールで買った洋服がいくらで安かったという話とか、お友だちの恋愛話をしても、それはいわゆる世間話ということで、男性にとってはあまり興味深い話ではありません。「ああ、そう」と応じるしかなくなってしまいます。でも、それをちょっと工夫すれば目的を与えることができます。たとえば、「バーゲンで服を買ったんだけど、ちょっと大胆すぎたかなあ。ちょっと恥ずかしいけど今度それを着てデートしようね」と言えば、男性にデートという目的を与え興味を持たせることができますし、お友だちの恋愛話も、相談という形や、自分たちの恋愛に置き換えて話すだけで目的のある会話になります。

まだカップルになっていない方で、何を話していいのかわからず、会話が盛り上がらないという方は、男性に自慢話をさせてあげればいいのです。その男性が得意なこと、がんばっていること、人より優れていることなどについて話を振ってあげれば、口数が多くなります。

単純ですが、たとえばサッカーをしている人なら「よくルールがわからないんだけど、オフサイドって何?」と聞いてあげれば喜んでしゃべりだすでしょう。男性は目的のない会話ができない、でも目的があればできる、そのことを覚えておきましょう。

男の嘘はすぐバレる

言語能力の他にも、女性のほうが勝っている能力があります。それは洞察力です。物事をよく観察したり、細かい部分を見て取る能力です。女性の細やかな気遣いや、デリケートな感情は洞察力が鋭いからこその特徴といえます。

それに引き換え男性は、彼女が髪を切ってきても、アクセサリーを新しく買っても、まったく気づかないというような場合も多いようです。「私に関心がないの?」「私のことなんてどうでもいいんでしょ」と女性が言いたくなる気持ちも当然ですが、このような細かい部分にまで目が行き届く男性は少ないのが現実です。

さらに、場の空気を読むのも洞察力が大きく関係します。女性が退《ひ》いているにもかかわらず、調子に乗って延々と自慢話をしたり、下ネタを連発してひんしゅくを買っている男性がよくいますが、このように場を読めないのも洞察力がなく、デリカシーに欠けるからのようです。

そしていわゆる「鈍感な男」というのもそうです。一生懸命、好き好きサインを出しているのにまったく気づかない、逆に嫌がっているのにわかってくれない、というような場合、女性は「いい加減に気づいてよ」と思うでしょうが、女性には気づくことができるレベルの色目使いのサインも、男性には気づかないことが多いのです。

ですから当然、嘘も女性のほうが一枚上手です。ワイシャツについた口紅や、香水の臭いを発見するのも大得意です。そんな女性から、「これどうしたの？」と問いつめられでもしたら、男性は途端にタジタジになってしまいます。

逆に男性が女性の嘘を見抜くことは大変です。女性の浮気のほうがバレにくいといわれるように、男性は女性の細かい変化や、微妙な表情を読み取ることが苦手なのです。嘘とはまさに言語能力と洞察力のたまもので、このどちらも高い能力を持っている女性は、嘘をつくのも見破るのも男性より上手といえます。

「女のカン」も無敵ではない

「女のカン」とよくいいますが、じつは、このカンとは神秘的なものでもなんでもなくて、洞察力の高さであるわけです。超能力ではないわけですから、当然カンを働かせるためには、その判断の元になる情報が必要です。ちょっと目が泳いだとか、急に落ち着きがなくなったとか、妙に優しいとか、「いつもと違う」「変だぞ」ということに女性は敏感なわけで、そのたびに男性は女性のカンの鋭さに恐れおののくハメになります。

これは女性がより優秀な男性を選ぶために、よく吟味して、騙されないように進化した結果備わった能力です。おもしろい事実は、とくに女性が排卵日付近になると、この洞察力がひときわ鋭くなることです。エストロゲンなどの女性ホルモンがこの影響力に関わっていることは明らかです。ピルなどを服用している女性には、そのような洞察力が鋭くなるという現象が起こらないからです。

ところが、最近ではそんな女性がコロッと騙されやすい状況があります。メールなどの出会い系サイトです。このような男女の出会いを提供するサイトの場合、メールでのやり取りが数回続き、気が合えば実際に会おうということになるわけですが、女性にとっては圧倒的に不利な条件が揃っているといえます。

まず、そのような場に興味を示す男性は、本当に出会うチャンスがなくて困っている男性か、本能に基づいて1人の女性では満足できず、より多くの女性を獲得しようとしている男性か、そのどちらかに偏りやすいものです。前者の場合は、女性が夢見るようなレベルの高い男性である可能性は極めて低く、あまり女性にモテないタイプといいえ、後者の場合は魅力はあっても、遊び目的である可能性が極めて高いということになります。つまり、真剣になってくれるのは女性にとっては物足りない男性で、「いいな」と思える人には遊ばれる確率が非常に高いことになります。

しかも、メールでのやり取りでは肝心の嘘を見破る能力が鈍ります。なぜかというと、嘘を見破るのは超能力ではなく、情報に基づいた洞察力であるとお話ししたとおり、正しい情報がないかぎり見破ることは難しいからです。人間が相手の嘘を見破るときに必要な情報は次のページにある図のとおりです。

つまり、言葉や文章では約10％の情報しか得ることができず、これでは正しい判断はしにくくなります。逆にメールの場合90％は想像上の産物になり、いくらでも相手を美化してしまえるわけです。さらに文章はいくらでも考え、書き直すことができるので、嘘やごまかしが可能になります。まあ、最近の研究では、その文章の使われ方によって、10％以上の情報を伝達できるとする論文も出ているようですが、

情報源の割合

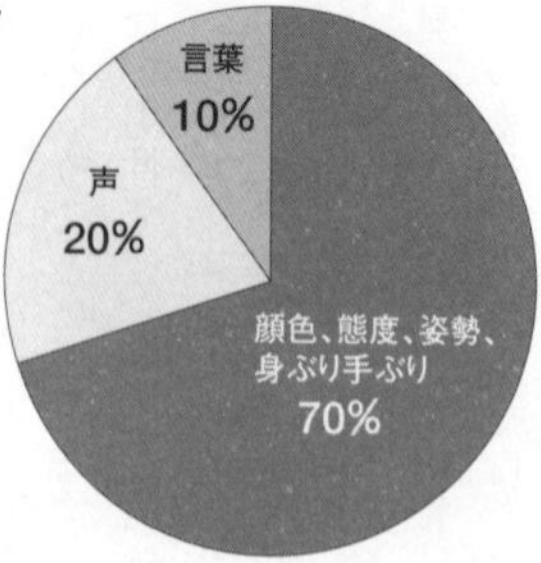

基本的に情報が伝わりにくいアイテムであるということに変わりはありません。メールはまさに、文章による言葉だけのやり取りであり、本来、嘘を見抜くために使われる声の調子や表情、体の動きなどをすべて隠してしまうことができる情報伝達アイテムなのです。

「でも実際に会ったときに見極めればいいんじゃない？」と考える方もいるでしょうが、数回のメールのやり取りで実際に会おうと思った時点で、もう半分以上相手の術中にはまっていて、相手を美化していい人だと思い込んでいる場合が多いのです。何度かメールをやり取りしているうちに勝手な想像で相手のことをわかったような気持ちになってしまっているものです。そんな状態で会いに行ってまともな判断ができるわけがありません。催眠術でいう予備催眠にかかっているようなもので、基礎はできてしまっているのですから騙そうとする男性にとって仕上げは簡単です。

遊び相手を探そうという気楽な割り切りで利用するのは個人の自由ですが、本気で真剣におつき合いできるパートナーを探す目的ならば、あまりにも危険すぎる賭けだといわざるをえません。興味本位で踏み込んでも損をするのは圧倒的に女性のほうなのです。

美女と野獣カップルはなぜ生まれるのか?

誰もが美人と認めるような女性と、誰もがどこがいいのか? と疑いたくなるような冴えない容姿の男性がカップルになる、いわゆる美女と野獣のカップルは結構多いものです。ワイドショーの芸能人結婚のニュースを見ていても、街を歩いているカップルを見ていても、このケースは簡単に見つけることができます。もちろん、街を歩いているカップルの場合は、果たして本当につき合っているかどうかはわかりませんが、このような光景を見るたびに、「やっぱり男は顔じゃない」と勇気づけられる男性は多いものです。

しかし、その逆は少ないでしょう。つまり、誰もがかっこいいと思うような美男子と、お世辞にも美人とはいえない女性とのカップルです。絶対にないとはいいませんが、少ないことは確かです。

これは女性が男性に比べ、ルックスのみを優先させていない、つまり内面重視の異性選びをしている証拠であり、なぜそうなるかについては後ほど詳しく述べますが、これは人間の右脳と左脳を結ぶ脳梁という組織の発達度に関係するのではないかと考えられています。

その理由を説明する前に、左右の脳の仕組みを簡単に説明しておきましょう。人間の脳は右と左では役割分担が違うことはかなり知られています。右脳はおもに感性的な部分をつかさどります。芸術や、想像力、創作活動などに大きく影響するので、この右脳が発達している人は、美術、音楽、文学など、かなり大ざっぱにいうと文系の分野が得意となるでしょう。一方、左脳は論理的な部分を担当しています。緻密な計算や、客観的な分析に重要な影響を与えるので、この左脳が発達している人は、数学、科学といった理系の分野が得意となります。つまり、理論とイメージは別の組織がつかさどっているということができます。

しかし、人間は頭でわかっていても行動が伴わないということがよくあります。たとえば、宝くじはなかなか当たらないものです。それもそのはず、ジャンボ宝くじで3億円が当たる確率は約700万分の1ですから、当たるほうがおかしいというものです。でも、そんなことは誰もが知っていて、「それでも世の中には当たっているやつがいるんだから」「もしかしたら当たるかも」「当たったらすごい」という感情がお小遣いを使わせてしまいます。買っても当たらない、でも、買わなければ当たらないのが宝くじです。

このようにイメージで理論をねじ曲げられるのは、人間の脳には右（感性）と左（理性）をうまく結び付ける機能があるからです。それが脳梁という組織です。梁とは橋という意味なのですが、つまりこの脳梁こそが右脳と左脳を結ぶ橋渡しをしている組織です。

男女の脳を比べてみると大きく異なるところのひとつに、この脳梁の発達具合があります。女性のほうが男性に比べ脳梁が発達しているのです。

さらに最近の研究では、人間が物事を考えるとき、男性の場合は右脳と左脳を別々に使っているのに対して、女性は右脳と左脳を同時に使っているということもわかってきました。つまり男性は理論とイメージは分けて考え、別個なものとして整理するのに対し、女性はミックスすることができるのです。

「1＋1は2であって、それ以外に答えはない」これが男性の論理的な思考です。でも、「1＋1は2だけど、私はどうしても3だって思いたいんだもん」というのが女性の感覚的な思考といえそうです。

だからこそ男性は、たとえば美人であることとお金を持っているということは別だと考えるのに対し、女性はかならずしも別個ではないと考えることができます。早い話がルックスと内面はあくまで別なのが男性で、たとえば弁護士や医者だからといっても、外見的に美しくなければ興味がわきにくいのに対し、うまくミックスして考えられるのが女性で、「お金持ちだから」「才能があるから」などというその他の理由でその男性を魅力的に見ることができます。そしてそれがいつの間にか、愛情にすり替わっていく。これが美女と野獣カップルが生まれる、そしてその逆は生まれないひとつの要素であると考えています。

さらにこのような論理とイメージとのミックスは、思い込みの強さにも関係します。なかなか好きにはならないけど、いったん好きだと思ったらとことん好きになる。でもいったん冷めれば嘘のようにどうでもよくなるのが女性で、「なんであんな人が好きだったのだろう？」「つき合った男の名前さえも覚えていない」なんて話も聞くことがあります。

女の恋は理屈じゃない

生命判断や星占いといった占いや、風水、心霊やお化けの話といった神秘的なものに熱中するのも女性のほうが多いということはご存じでしょう。これらの超自然現象は冷静に客観的に考えれば矛盾することが多く、科学的にもなんら根拠がないのですが、ほとんどの女性誌には占いのページがあり、夏は心霊特集で恐怖体験を綴り、風水の連載コーナーがあり「西に黄色い物を置きましょう」などと書いてあります。

概して、女性のほうが思い込みが激しいといえるわけですが、これには重要な役割が隠されています。たとえば女性が思い込みが激しくなかったのならば、とてもじゃないけれど、セックスで醜い男性を受け入れるようなことは考えられないし、子供を産むなどという作業は困難になります。それを「愛しているから」という理由でやってのける女性の思い込みの強さは、逆に男性には理解することが困難です。

ですが、逆にその思い込みが恋愛においては命取りになることもあります。

「好きだから信じたい」
「嘘だって思いたくない」
「どうしても諦められない」

「この人以上に好きな人は二度と現れない」

　そう思い込むことによって、現実から目をそらしてしまうのです。ですから思い込みの強さは諸刃の剣で、いいこともあれば悪いこともあります。

　彼のケータイの着信履歴を見て、女性からの電話がたくさんあったり、メールに「また会いたい」なんて文章が残っているのに、それでも信じたいと思うことは愚かだといわざるをえませんが、またそれが災い転じて福となることもあります。彼の浮気を追及すれば別れるはずのカップルが、単なる思い込みによって、彼は浮気していないと信じ込み、おかげで破局を免れて、1年後には結婚にゴールインということだってありえます。

　このように思い込みは女性の重要な能力のひとつといえますが、そのおかげで野獣と呼ばれるルックスの悪い男性に対しても、確固たるステータスがあると、その男性を素敵だと思い込めるのです。男性にとっては理解しがたい能力ですが、そのおかげで女性は安定した子育て環境を作っているといえそうです。

エクスタシーって何？

エクスタシーと一口にいっても、いったいエクスタシーって何でしょう？

一般的には「イク」とか、「絶頂」という言葉で知られていますが、実際このことを詳しく説明できる人は少ないといえるのではないでしょうか。とくに女性のエクスタシーは謎に包まれています。なぜなら、男性と違って「射精」というようなわかりやすい現象がなく、その特徴も人によってさまざまだからです。男性はほとんど全員が「精子が出る」ということでしかないわけですが、女性の場合は、「頭の中が真っ白になる」「宙に浮いているような感じ」と、説明されてもわからないほど大変なことになっているようです。

しかし、実際のところエクスタシーの仕組みは、男女ともほとんど同じといってよさそうです。まず、性器や感じやすい部分に性的に「気持ちいい」という刺激を受けると、脳にその快感信号が伝わり、それが蓄積されていきます。それが最高レベルに達すると、「最高レベルに達したよ」という信号が脳から性中枢に送られます。すると今度は、性中枢から仙髄の中枢に電気信号が送られ、人間の身体は、男性ならば精子を外に出すように、女性ならば精子を搾り取って吸い込むように、筋肉が痙攣《けいれん》するのです。この筋肉の痙攣が起こっているときに脳が受けている快感こそがエクスタシーなのです。

同時に、脳の中にはさまざまな脳内快楽物質が分泌されます。たとえば、先に説明した女性の母性本能をつかさどるオキシトシンは、エクスタシーとともに大量に分泌され、「離れたくない」「ずっと一緒にいたい」という感情を芽生えさせます。さらに、エンドルフィンという物質は強烈な麻薬作用があり、何も考えられないという状態や、痛覚を鈍らせ周りからの刺激をシャットアウトしてしまうほどの状態にさせます。

つまり、光、音、映像など、外からの刺激を感じないわけですから、これがいわゆる頭の中が真っ白、宙に浮いている感じと形容されるようです。エンドルフィンには実際に死に対する恐怖感さえも吹き飛ばす精神作用があります。エクスタシーの際の「死んでもいい」という感情も決して大げさではないかもしれません。

でも、男性はそんな状態にはなりにくいといえます。女性に比べれば冷静で落ち着いているといえるでしょう。それは、男性のほうがエクスタシーに達している時間が短く、快感も女性に比べれば低いからではないかと考えられています。真偽ははっきりしませんが、一説には男性よりも女性のほうが8～10倍もエクスタシーでの快感がすごいといわれています。

この理由については、男性の脳に女性と同じレベルの快感を与えると男性がセックスにおいてリードできないから、またセックスの最中に外敵に襲われた場合に対処できないから、などの説明がされていますが、まだまだ未知の部分が多いのです。

エクスタシーに達するには、気持ちいいという快感を多く感じることなのですが、その快感を感じ取るのが性感帯です。俗にいう「最も感じるところ」ですが、これも男性の場合はほとんどが性器そのものに集中しているのに対し、女性は胸や性器以外にも、首筋、耳、背中など、さまざまな部分が性感帯になるようです。それもそのはず、じつは、人間の身体には性感帯という組織は存在せず、その正体は〝思い込み〟だからです。

〝思い込み〟によって生じる快感

そもそも人間が何か刺激を感じ取れる知覚は4種類しかありません。何かに触った、触れられたと感じる触覚、痛みを感じ取る痛覚、熱い冷たいなど温度を感じ取る温覚、振動や圧力などを感じ取る深部知覚、この4つしかないのです。つまり、性感帯などという性の快感を専門に感じ取る知覚組織は存在せず、これら4つの知覚からの信号を、思い込みと学習によって性的に気持ちいいと感じるわけです。

嘘だと思われる方も多いでしょうから、いくつかその証拠を挙げておきますと、たとえば、誰もが性感帯として挙げる性器でさえ、嫌いな人に触られれば、不快以外の何ものでもありません。もしも、誰が触っても気持ちいいと感じるような部分があるとしたら、満員電車の痴漢はこれほど非難されることはないでしょう。逆に、普段意識していないときに耳もとに息をかけられたらくすぐったいとか気持ち悪いだけですが、エッチのときにされると快感と思う方は多いでしょう。さらに、SMで縛ったり叩かれたり、ロウソクをたらされたりと、普通は痛いとか熱いだけと思われるような行為も、人によっては快感になるのは経験と学習によるものです。ですから、性的な快感とは性感帯などという特殊な部分の刺激ではなくて、いろいろな刺激を気持ちいいと思い込むことによって生まれるものだということになります。

確かに性感帯に挙げられるような部分は、知覚が敏感な部分ではありますので、刺激を多く感じ取ることが可能です。そして幼いころからこうすると気持ちいいということを学んだり、実際に気持ちいいといった経験を積むことでそこが性感帯になります。ですから、腕でも足でも経験と思い込み方によってはそこを刺激されるだけでエクスタシーに達することは実際に可能なのです。

男性は、思春期に精通、夢精という行為によって、最初からほぼ100％のエクスタシーを体験することができます。しかし、女性の場合は初めてのエッチでエクスタシーを感じることは少ないし、ある程度エッチの経験があっても、これがエクスタシーだというものを経験したことがない方が結構いるようです。そのような女性は同じ相手とある程度経験を積んだり、快感を感じ取る学習をすることで、徐々にエクスタシーへと導く訓練をしていくしか仕方がないようです。ただし、それでもなお、エクスタシーを一生感じることができない女性が、文献にもよりますが、10%から40%くらいいるといわれています。

さて、性的に感じようとする思い込みには集中力が重要です。気が散っては快感を得ることはできないし、恥ずかしいとか、妊娠したらどうしようという不安、いけないことをしているんじゃないかという罪悪感、そういったものが大きく邪魔をすることがあります。女性がエッチのときに「電気を消して」とお願いするのも、目をつぶって他のよけいな外界からの刺激をシャットアウトしようとすることも、集中力を高めるための行為といえます。そしてエクスタシーを感じるためには、もちろん大きなときめきも大切です。このときめきこそが集中力を増し、快感を感じ取る能力を爆発的に高めるのです。当然好きという気持ちが強ければ、それだけ快感も得やすいということになります。

ですからエクスタシーを経験したことがないという方は、焦る必要はまったくありません。男性側のテクニックや経験不足は別として、ときめきと集中力を高めること、ある程度経験と学習を積むことを心がければいいのです。

男と女はどっちがエッチ？

これは昔からよく話題にのぼってきましたが、明らかに男性のほうがエッチであると結論づけられることが多いようです。しかし疑問なのは、どう考えても女性のほうがエッチのときの快感は強そうですし、女性だって自ら性に積極的なのに、それなのに男性のほうが性にあさましいのはなぜなのかということです。

一昔前は女性が性について語ることはタブーとされ、男性の前でエッチな話をしたり、性欲があるとか発情しているということをアピールすることがほとんどなかったため、情報が少なく、女性はすごく性欲が低い、だからエッチではないと思われていました。

しかし現在では、女性にもかなり強力な性欲があることはもう当たり前のことであり、女性の性についてかなりオープンに語られるようになってきたため、女性の性欲の仕組みが判明してきました。それでも、結論からいうと、やはり男性のほうがエッチなのです。

男性はテストステロンによって1年365日発情している、そして女性が積極的に発情するのは、排卵日前後の2〜3日と生理前の2〜3日のみであるということは説明しましたが、これを単純比較しただけでも、1カ月の男性の発情期間が30日なのに対して、女性の発情期間は5〜6日、つまり、期間で比べると男性のほうが5〜6倍も性欲が強いのです。

しかしこれは単純な数字のお遊びで、実際女性も発情期間にあるときならば、どちらがエッチなのかとは言い切れないほど性欲が強いかもしれません。

そこでまず、エッチの際の興奮度をみていきたいと思います。興奮度をグラフにすると、次のページの図のようになります。男性は盛り上がるのも早いけれど冷めるのも早く、多くの場合、エクスタシーは1回で、しかも瞬間的です。しかし女性は緩やかに盛り上がって、何度かエクスタシーを感じることもあり、また緩やかに

男女のエクスタシー曲線

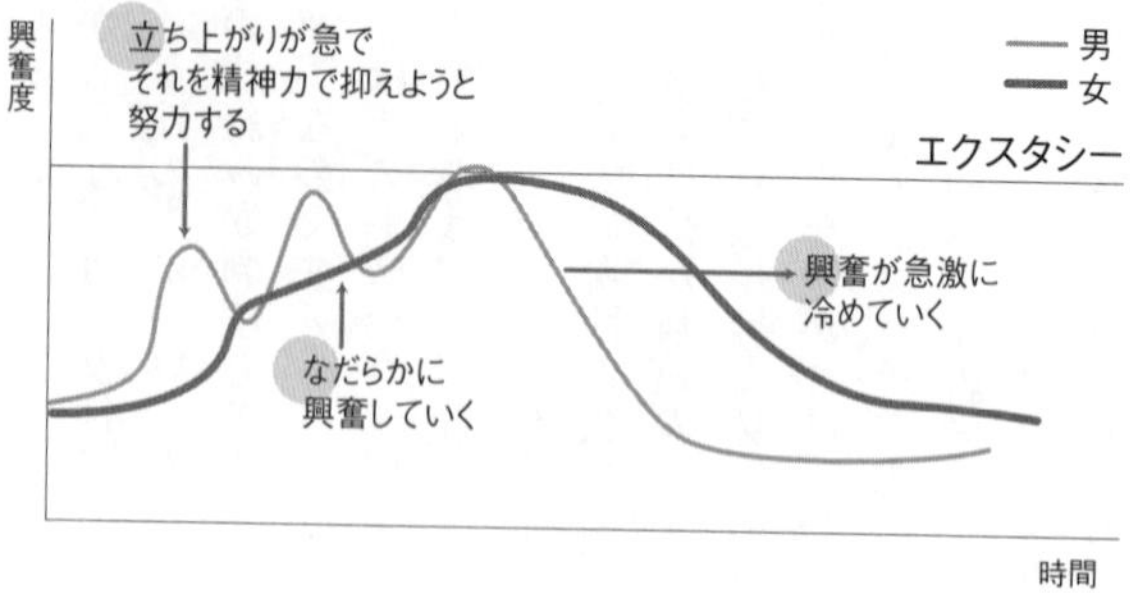

冷めていくという特徴があります。女性がエッチの後の快感に浸っているうちに、さっさと着替えて、カバンを斜に掛けて出ていく男性がいても不思議ではないのです。

このようにみていくと、エクスタシーを感じている女性は男性よりも質のよい長時間の快感と興奮を感じているようです。それにひきかえ男性の快感と興奮は瞬間的。にもかかわらず、どうして男性がエッチにあさましいのでしょうか？　これは食欲を考えればわかることです。おいしいと感じるかどうかは食欲と直接には関係しません。食欲と最も関係するのは、いかにお腹が空いているかなのです。餓死しそうなときなら、カビのはえているパンでも口にします。このとき、味わい深いかどうかは関係ありません。食べないではいられないのです。

お腹がやや満たされているときはおいしいデザートなら食べることができますが、カビの生えたパンを食べることができません。つまり、男性はテストステロンという性欲増進剤によって、性欲に対し死にそうなくらいに空腹にさせられているわけです。しかも、一度満腹になってもすぐにお腹が空くようにできています。ですから性にあさましいのです。

それにひきかえ、女性は性をよく味わう能力が発達しているにもかかわらず、本当においしいものにしか反応しないわけです。だからセックスする相手を選ぶし、逆に選んだ相手があまりおいしくない場合は、エクスタシーを得ることができない構造になっています。

このようにエッチをみるだけでも、男性と女性の性の違いがハッキリと表れています。たかがエッチ、されどエッチ、ここにも男女の生殖戦略の差があるわけです。

男は一人の女性では満足できない？

男は浮気者である。このことは何度も繰り返し述べてきましたが、だからといって、それは浮気が悪いことではないとか、仕方がないから許される、という意味ではありません。原始時代はそれが許されたかもしれませんが、確かに現代の道徳で考えればいけないことです。

しかし、事実として男は浮気するように遺伝子にプログラムされています。いくら「浮気をするやつは最低だ」と、女性が声を大にして言っても、彼女がいるのに合コンに行く男は一向に減らないし、エッチなビデオを借りる男もいなくはならないでしょう。歳をとって大人になっても、結婚した後でも、若い新入社員の女の子が入ったらちょっかいを出すし、自分の娘のような年齢の女性と援助交際をするオヤジも決していなくなりません。

ですから大切なのは、男性は浮気をする生き物であるというまぎれもない事実と、実際に浮気をするかどうかという道徳の問題を、別にして考えることなのです。それをわかったうえでも、女性に一番理解しづらいのは、なんで彼女がいるのに、結婚しているのに、「男は他の女性とエッチしたいのか」ということでしょう。

女性が特定のパートナーがいるときは他の異性に対して簡単に欲情しにくいのに対し、男性には特定のパートナーがいるいないにかかわらず、女性に対して欲情し、しかもその欲情は同じ女性に対して長くは続かない傾向があります。つまり男性の性欲は、簡単にわくけれど長くは続かないのです。熱しやすく冷めやすい、飽きっぽい性欲であるということができます。

つき合い始めのころは週に何度もエッチしたカップルも、つき合いが長くなるにつれ、回数が減るということがよくあります。あまりエッチばかり求められるのも困りものですが、極端に求められなくなるのも「愛情がなくなったのかな?」なんて寂しい気がします。

新しい女につねに欲情するのが男の摂理

女性の性的快感は学習だと述べたように、パートナーをコロコロ変えていくよりも、ある程度慣れた男性とのエッチのほうが集中できるし、安心できます。しかし男性は、同じ女性には性欲が続かない、でも、新しい女性には性欲がわく生き物です。この「男性が新しい女性を好む本能」のことを「クーリッジ効果」といいます。多くの生物のオスにみられる現象のようです。

クーリッジ効果とは、元アメリカ大統領の名前にちなんでつけられたものです。クーリッジ大統領夫妻が養鶏場を見学したときのこと。1日に何度も交尾して卵を産み続けるニワトリを見て、大統領夫人は言いました。「まあ、なんて性欲が旺盛なんでしょう。うちの主人もこうだったらよかったのに」と。すると大統領が係員にたずねました。「ここの鳥たちは一夫一婦なのかね？」その問いに係員は「いいえ、このニワトリたちは、同じオスとメスをずっと一緒にしておくと交尾をしなくなって、受精卵を産まなくなってしまうんですよ。ところがオスにつねに違う新しいメスをあてがってやると、間髪を入れずに何度でも交尾し、卵をたくさん受精させるんです」これを聞いた大統領は「それを妻に言ってやってくれよ！」と、言ったとか言わなかったとか。

これは自然の摂理として、人間の男性にも備わっている本能です。女性はどんなにたくさん子供を産もうと思っても、1年に1回しか子供を産むことができません。しかし男性は、子供を産んでくれる女性さえたくさん獲得できれば、1年に何人でも子供を産ませることができるのです。ですからオスは簡単に発情し、しかも特定のパートナーだけでなく、多くの女性に対して発情したほうが、たくさんの子孫を残せ、子孫繁栄には有利だったのです。もしも男性が特定の女性にしか発情しない生き物であったなら、人類は絶滅していたでしょう。

しかしこれは、われわれ人類が何十万年も前に必要だった本能であり、それを現代にも遺伝子として受け継いでいるだけなのです。それに対し、われわれ現代人は結婚という制度を作り、浮気をしてはいけない、1人のパートナーとずっと一緒にいるようにという道徳感を作り上げました。これもまた、少ない子供をより立派に育てるために必要な概念で、子孫繁栄に有利なところがあるのです。

現代では必要以上に子供をたくさん作る能力は不要で、それよりも1人の女性を愛し、誠実に家庭を守る男性のほうが価値があると認められるようになったことも否定できません。ですから、何十万年前は浮気者の男性が子孫繁栄に有利だったけど、今後は誠実な男性が子孫繁栄に有利になっているのかもしれません。

もしも、今後浮気をしない誠実な男性がモテて、浮気者の男性は誰からも相手にされないような時代が続けば、一途な男性のほうが生き残っていき、浮気者の遺伝子は絶滅してしまう時代が来るかもしれません。ただし、そのおかげで、女性は魅力ある男性とエッチができなくなるという弊害もあることをお忘れなく。というのも、１００人の女性がいて、そのうち最も魅力の低い１００番目の女性でも、今ならエッチだけなら1番目の魅力ある男とすることができます。それは男性が浮気者だからです。

ところが、全員が一途な男になってしまうと、魅力ある者同士がカップルになっていくため、１００番目の女性は、１００番目の男性としかエッチができなくなってしまいます。つまり、魅力がない女性は魅力のない男としか絶対にエッチできないことになるのです。

さて、そのようなことが本当に起こりうるのか？　それはまったく疑問です。男が浮気者であることが、女性にも間違いなく役立っているといえるからです。

男が下ネタを喜ぶ理由

飲み会や合コンはもちろん、職場でも、男性は下ネタが大好きです。下ネタとはエッチな話という意味ですが、女性が退《ひ》いているにもかかわらず、男性は喜んで話し続け、嫌われてしまうなんてことも多いでしょう。もちろん、女性も喜んでノッてきて、逆に男性を退かせたりする場合もありますし、女子校出身の方はとくに経験があると思いますが、女性同士ならばかなりきわどい話をすることもあります。

ですから一概に女性は下ネタが嫌いで男性は好き、とはいえません。それでも異性の前で下ネタを好んでするのは、やはり男性のほうが多いはずです。これは単に、男性はエッチな話が好きだから、というわけでもありません。前にも述べたように、男性は目的なく話をすることが大の苦手で、逆に喜んで話をするときは何か目的があるのだということを思い出してください。

じつは女性の前で下ネタを話すことには男性にとって重要な意味があります。それは女性の性的な成熟度を試す目的です。つまり下ネタを振ることによって、女性の反応を見ればその女性が「性的にどれだけ成熟しているか」「エッチまで到達するのにどれだけ苦労するか」「エッチに誘ってどれだけOKしてくれる可能性があるか」などがわかり、重要な判断材料になるのです。

たとえば、軽い下ネタを振ったときに、女性が極端にイヤな顔をしたり、「サイテー」なんて反応をすれば、「簡単にはエッチさせてくれないな」「遊びで口説けるほど軽くないぞ」「とりあえず気が合えば出会ったその日でもOKなんて大人な関係はとてもじゃないけれど望めない」ということがわかります。

逆に下ネタにもノリノリで、それ以上にきわどい下ネタを返してくるような女性がいたらどうでしょう？　男は、「なかなか話がわかる女性じゃないか。もしかしたらエッチできるかも」と期待し、しかも、面倒くさい遠回しな駆け引きをしなくても、「楽にエッチできそうだな」とお手軽な印象を受けるはずです。つまり、男性は下ネタを振ることで、女性が性的にどれだけ誘いやすいかを意識的にも無意識的にも試しているのです。

これは男性にとって非常に重要な情報です。もしもその情報がわからなかったら、プレゼントをして食事をごちそうして、毎日電話をして、一生懸命投資したのに、結局女性のほうはその気もなくて、全部無駄になってしまった、などということにもなりかねません。男性が合コンで「ノリ」を重視するのは、そういう理由があったのです。

男性への目的に合った接し方

逆に女性からすれば、この下ネタに対する反応の仕方次第で男性をうまく操ることができるのです。本当はエッチする気もないのに、する気があるような素振りで接することで男性から優しくされたり、投資を受けることができます。また、素っ気ない態度をとることで、好みじゃない男性とややこしい関係になることを未然に防ぎ、うっとうしいアプローチをかわすこともできます。ただし、前者の場合はネコババといって、期待を持たせ、もらうものだけもらって逃げるズルい女として非難される危険性があるし、後者の場合は十分な投資を受けられない、男性からチヤホヤされないなどで、恋を取り逃がしてしまう危険性があります。ですから、下ネタに対するリアクションはよく考える必要があります。

さらに男性は、遊びの恋の相手を探している場合は性的に成熟した女性を好み、本気で恋人を探している場合は、あまり成熟しておらず、軽くなく、貞操感のある女性を好む傾向があります。理由は簡単です。遊びでいろいろな女性と多重交際したい男性は、性に奔放で自分の浮気にも寛大であるほうが都合よく、逆に結婚相手などを探している場合は、女性が性に奔放であれば女性に浮気される可能性が高く、それに大きな嫉妬を覚えるからです。

ですから、女性は相手とその場の状況、自分の目的に合わせ、下ネタに対する反応を上手に使い分ける必要があります。はめを外して遊びの恋を楽しみたいのであれば、ノリノリで。本気の恋を探しているのならば、わざと恥ずかしそうなリアクションをするとか、適度に合わせるぐらいにしておくことです。わからないフリをしたり、興味がないフリをする女性もいますが、これは男性にとっては一番判断しにくく、わかりづらい中途半端なリアクションであるといえます。

さらに、下ネタに関しては男女でおもしろい違いがあります。下ネタを話すとき、男性はその場にいる女性をイメージするのに対し、女性は好きな人、気になっている人、彼氏などをイメージし、かならずしも今話している男性をイメージしているわけではないということです。

つまり男性は、たとえばセックスの体位の話をしているとすると、奥さんや彼女がいても目の前にいる女性とエッチしていることをイメージします。ところが女性は、かならずしも目の前の男性ではなく、今気になっている人、好きな人、彼氏などとエッチしていることをイメージするようです。これもクーリッジ効果で説明がつきます。大好きな彼女がいたとしても、目の前にいる新しい女性とのエッチをイメージするほうが興奮するという原理です。

ですから仲のいい男友だちと、気軽な気持ちで下ネタ話で盛り上がってしまうと、変な期待を持たれてしまったり、あらぬ勘違いをされてしまうこともあります。逆に気になっている男性には、少々大げさにリアクションしてあげることで、男性がアプローチしやすくなったりしますので、うまく使い分けることが重要です。

CHAPTER 3 *

人はなぜ恋に落ちるのか

人は恋をすると、毎日が輝いて見えたり、胸がキュンとして切なくなったり、不安で不安で仕方がなくなったり、訳もなく寂しくなったり、いろいろな感情を体験します。もちろん楽しいことばかりではなく、ふられたり、すれ違ったり、傷ついたり、ときには悲しい思いをすることもあります。そして、もう恋なんてしないと堅く誓っても、またいつの間にか恋に落ちてしまうのです。

なぜ人は恋に落ちるのでしょう？　人類はその永遠のテーマを悩み抜いてきました。しかし、科学の進歩がその永遠の神秘を徐々に解き明かしつつあるのです。「運命の赤い糸で結ばれているから？」なんて言う人もいるかもしれませんが、運命の糸さえも科学で検証できる時代なのです。

ドキドキするから恋をする

恋をしているときの最大の特徴は、ドキドキ、ワクワク、緊張して落ち着かなくなったりと、ときめくことが挙げられますが、じつはその〝ときめき〟こそが恋の正体なのです。ときめかない恋なんてありえないし、ときめきがなくなるからこそ冷めたり、終わりを迎えることになるのです。しかし、このときめきの正体が詳しくわかれば、恋の秘密に大きく近づけるはずです。

じつは、人間は恋をするとPEA（フェニールエチルアミン）という物質が脳の中に分泌されるといわれていますが、この別名「恋の媚薬」ともいわれるPEAこそが、ときめきの正体なのです。

PEAという単語自体、初めて聞く方もいると思います。この理論は精神科医フィボナッチ博士が提唱したものですが、最近の脳の科学の進歩により、人間は恋をすると、PEAを実際に注射したときと同じような状態になることがわかってきたのです。PEAは実際、世の中にたくさん存在します。ダイエット食品に含まれていたり、チョコレートに微量に含まれていたり、医学用に使われる血圧を上げる薬がそうであったり、覚醒剤だったりします。

PEAを投与すると、人間の脳内にセロトニン、ドーパミン、ノルアドレナリンなどの脳内ホルモンが満たされ、大きな快感を感じることができるようになりますが、恋をしているときも、じつはこれらの3つのホルモンが多量に分泌されます。したがって、恋をした状態と、PEAを投与された状態はとても類似しているのです。

恋をすると実際にPEAなる物質が脳内から出ているわけではないのですが、P

ＥＡを投与したときと同じような状態になることから、恋をするとＰＥＡが分泌されるといわれるようになりました。まあ、少しややこしい話になりましたが、ここでは難しい表現を避けるために「恋をするとＰＥＡが出る」という表現を使うことにするので誤解のありませんように。

さて、恋をするとＰＥＡが分泌されてときめくわけで、もっというと「ＰＥＡが分泌されるからときめいて恋をする」といえます。

たとえば、今まで知り合ってからとくに異性として恋愛感情を持っていなかった人を、ある日突然、急に意識しはじめるなんて経験はありませんか？　たいして好みのタイプでもなかったのに、何かちょっとした一言やふとした行動をきっかけに「好きかも？」「好きなんだわ」って思ってしまう。これは、恋がＰＥＡによって支配されている証拠です。なぜなら、運命や必然によって恋が決められているのだとしたら、出会った瞬間から好きになっているはずだからです。つまり恋とは思い込みで、実際は、たとえば相手も自分のことが好きだということがわかったり、気になることを言われたりすることでＰＥＡが分泌され、ドキドキする。そしてそのドキドキを恋だと脳が認識しただけなのです。

もちろん、最初からとてもタイプだったり、一目惚れということもありますがるのです。

「恋をするからドキドキする」のではなく、「ドキドキするから恋をする」ともいえ

「そんなこと信じられない」と思われる方！「ドキドキするから恋をする」ということを証明した実験も、かなりあります。

デートではジェットコースターに乗るとよい、なんていう話を聞いたことはありませんか？ ジェットコースターに乗れば、よっぽど苦手な人でないかぎり興奮してドキドキしますが、このドキドキを人間の脳は恋するドキドキと錯覚してしまうことがあるのです。

恋に落ちるためには脳が覚醒している状態でフル回転していなければならないのですが、逆に寝ている間や、ボーッとしている間、具合が悪く気分が優れないとき、緊張感がなくだらけているときには恋に落ちにくいものです。そして、ＰＥＡが分泌されると、人間の脳はフル回転します。

それを証明するための有名な吊り橋理論という実験があります。吊り橋という不安定な場所でアンケート調査を行い、わざと脳を興奮状態（ＰＥＡ分泌状態）にさせます。そしてそのアンケート用紙には実験者の女性の連絡先を掲載しておきます。その後に何人の男性からラブコールがかかってくるか？ という実験をしたので

す。すると、普通の場所でアンケート調査した場合よりも、吊り橋の上でしたほうがラブコールが格段に多かったのです。これは吊り橋の上では身の危険を感じて脳が興奮状態になりやすく、よって恋の錯覚も起きやすいから、と考えられています。

もっと極端なことをいえば、あなたにＰＥＡを注射すれば、まったく好みではない男性でも好きになるという現象が実際に起こるのです。どんなに嫌いだと思っている男性でも、好きで好きで仕方なく、エッチしたいと思ってしまうこともありうるのです。これは嘘ではありません。実際に人を自分に惚れさせるためにＰＥＡが使われており、その効果も十分にあります。つまりＰＥＡとは誰もが欲しいと願っていた「惚れ薬」なのです。

「欲し〜い、どこで売ってるの？」と思われた方も多いでしょう。ですが残念なことにＰＥＡは脳内麻薬物質といわれており、その成分は覚醒剤として認定されています。ですからそんなモノを注射すれば犯罪になってしまいますし、薬が切れれば「なんであんな人が好きだったのかな？」と錯覚に気づいてしまいます。先ほど述べたようにチョコレート、ダイエット薬などに、ＰＥＡが含まれていると一部の雑誌やテレビでいわれていましたが、実際はものすごく微量なので、恋の媚薬としての効き目を発揮する前に、激太りするか、激痩せしてしまうでしょう。

私たちが恋をしている状態とは、まさに覚醒剤を打っているときの状態に近いものがあるわけで、そりゃあ殺してしまいたいほど愛してしまったり、精神異常になったり、幻覚を見たり、ときには犯罪にまで発展してしまうのも納得ではないでしょうか。また、実際に覚醒剤中毒患者の脳では、快感をつかさどるホルモンのドーパミンが出すぎて、ドーパミンを感じる受容体が破壊されていくことがわかっています。恋や嫉妬に狂っていると、本当に気がふれるのです。

このように、恋するときめきの正体はＰＥＡであり、逆にいうとＰＥＡの特性を知れば「恋とは何であるか？」がわかります。ＰＥＡを制する者は恋愛を制するというわけです。

愛は追うと逃げるもの

まず、ＰＥＡは自分よりも魅力的なもの、優れているもの、手に入りにくいものに対して出やすいといわれています。当たり前の話ですが、いつでもなんとかなる、どうでもいいと思っている人にはときめかないし、逆に憧れを抱いている人や、ちょっと高嶺の花くらいの異性に人間は強く惹かれます。興味があるものにＰＥＡが分泌されると考えれば間違いありません。

人間は自分よりも優位な立場にある人に対しては、「その人に合わせよう」「気に入られよう」と振る舞う傾向があり、逆に劣位な立場にある人に対しては、ある程度わがままに、自由奔放に振る舞うことができます。当然、魅力いっぱいで優位な人を好きになればその人に合わせるしかなく、追いかける立場になります。つまりは追いかけている時点で、その人のほうが劣位であるということがわかります。

一方、追いかけられている人はその人をうっとうしく感じ、興味を失うのでPEAが出にくくなります。逆に、追いかけているほうはますますPEAによって燃え上がってしまいます。つまり、愛は追いかけると逃げることになるのです。

手に入らないからますます躍起になる、ふられたらどうしようという不安がPEAを誘い、追いかけられたほうはうっとうしくなり、徐々にときめきが低下するという図式です。もちろん、追いかけ追いかけられというのが理想の関係なわけですが、そのような駆け引きがしたいのならお互いの魅力レベルが近いことが重要になります。このことは後ほど優位性の章で詳しく書きますが、愛に追いかけすぎは禁物なのです。そして追いかけられると物足りないというのもよくわかります。

浮気のエッチのほうが気持ちいい？

ではいよいよ、恋の媚薬ＰＥＡの特徴について深く探っていきたいと思います。
ＰＥＡは覚醒剤だと述べましたが、恋をしているときの特徴は、まさに覚醒剤を打っているときの特徴といっても過言ではありません。実際に覚醒剤を打ったことがある人はめったにいないと思うので、想像しにくいとは思いますが、ＰＥＡが人間の精神にもたらす影響には次のような特徴があります。

まず、覚醒作用といって、眠気や倦怠感を吹き飛ばす、集中力を高める、などの作用です。これは実際どういうことかというと、恋をすると基本的には目がさえます。次の日会えると思っただけで、ドキドキして眠れない。夜中に長電話をしていてもまったく眠くならない。かなり疲れているはずなのに会っている間は元気になったりします。ですから会っていても退屈するとか、なんか気分が優れない、ドライブ中に居眠りをするなどの症状は相手に冷めている危険信号です。

好きな人からの誘いを、面倒くさいからという理由で断ったりはしませんよね。ましてや、「体調が悪くて」なんていう理由でドタキャンするなんてことは、言い訳以外の何ものでもないことは、女性のみなさんが一番よくご存じのことと思います。ＰＥＡには、一時的に倦怠感や体調不良を吹き飛ばす作用があるのですから当然です。

集中力が高まると、その人のことだけを考えてしまったり、脳の働きが活発になってすべての感覚が敏感になります。エクスタシーを得るためには集中力が必要だと述べましたが、集中力が高まることで思い込みが強くなり、快感も強くなります。ですからＰＥＡが多く分泌されているときは当然エッチによる快感は倍増します。ということは、「エッチが上手だから好き」なのではなく、「好きだから上手に感じる」といえるでしょう。彼氏のエッチが下手だと感じている女性はまずＰＥＡがあまり出ていないのかもしれません。もちろん、本当に下手な場合もありますが。

「恋の媚薬」の正体

では、ＰＥＡはどういうときに多く分泌されるのでしょうか？　まず、ＰＥＡは真新しいもの、新鮮なもの、見慣れないものに対して多く分泌されます。毎日通っている場所で見飽きたものを見るよりも、海外旅行などで行ったことがない場所に行き、見慣れないものを見たほうが興奮するのと同じです。

ですから当然、3年間つき合っている彼氏よりも、最近知り合った好みのタイプの男性に対してPEAは出やすくなります。女性はよくこのPEAによる錯覚に惑わされ、「本当に好きなのはどっちなんだろう?」って悩むようです。確かに今の彼は、ある程度お互いを理解していて、人間的には好きだけど、会っていてときめくのは最近知り合った彼のほう。「きっと本当に好きなのは新しい彼のほうなんだわ」と、彼氏をふって新しい恋に走ったものの、1年たつとまた同じことの繰り返し、というのはよくあるケースです。

一説には、PEAは同じ人に対しては1～4年で出なくなるともいわれています。これはPEA4年周期説といって、ときめきは永遠には続かないということを物語っています。なぜならば、PEAのような強力な覚醒物質がずっと出続けることがあったとしたら、間違いなく精神が崩壊し、おかしくなってしまうからです。

さらに、PEAは緊張感や不安を感じているときに多く分泌されます。落ち着いて安心し切っているような状態や、安定した精神状態では分泌されにくいのです。逆に、「ふられるかもしれない」「捨てられるかもしれない」「本当に愛されているのかな?」「これから先どうなるんだろう?」という不安な状態のほうがPEAは多く分泌され、ときめいて恋愛は盛り上がることになります。

ですから、不倫や浮気の場合など、いけないいけないと思っているほどやめられないとか、バレたらどうしようというスリルがたまらなかったり、「あの人は危険だからやめておいたほうがいいよ」なんて言われるほど、わかっているのにのめり込んでいってしまうわけです。

もちろん、浮気しているときの精神状態は「バレたらどうしよう」という不安や緊張感、「悪いな」という罪悪感で通常の恋愛よりもＰＥＡが多く分泌されます。ですから当然、快感も倍増し、浮気のエッチのほうが気持ちよくなります。とくに女性は、排卵日の一番妊娠しやすい時期に浮気したくなる傾向があるといわれています。さらに男性の場合はクーリッジ効果により、テストステロンも多く分泌されるので、活発な精子が作られ妊娠しやすくなります。つまり浮気のエッチのときのほうが妊娠しやすいのです。この点、女性は十分に注意する必要があるでしょう。

浮気のエッチのほうが気持ちいいなんてショックな話ですが、いくら「バレたらヤバい」「相手に悪い」と思っても、ＰＥＡは覚醒剤ですから、とてもじゃないけれど理性で抑えられるような代物ではありません。よく「あなたといると安心する」などと言われて喜んでいる殿方がいますが、実際はときめきがなくなったことの証明である場合があります。というのも「安心や信頼」と「ＰＥＡによるときめき」

は正反対なものであり、実際は不安や緊張感が恋心を生むからです。「この人は自分にゾッコンだ」「絶対に裏切らない」「捨てられることはない」などと安心し切った瞬間に、ＰＥＡは出なくなるのです。

自分と似た人に惹かれる？　自分にないものを求める？

恋愛の鉄則として、なるべく相手に話や好みを合わせるということがあります。好きな音楽、好きな食べ物が似ている、住んでいる場所などが近い、共通の知り合いがいるなど、自分と近い、似ているものを持っているというだけで、急に好感度が上がったり、話が盛り上がったりすることがあります。

合コンなど男女が出会う場では、これはあまりにも当たり前のことで、趣味が合う、価値観が近い、話がわかる、相性が合うなどといった、お互いに似ている点は好印象につながります。逆に、「私、ラーメンが好きなの」と言ったのに、「え？ラーメンっておいしいかなあ？　僕は好きじゃないね」なんて言われれば、「自分とはちょっと違った人なんだなあ」と感じ、その人に対して好感は持てないでしょう。

じつはこの当たり前のことこそ、人間が繁栄するうえで重要な役割を果たしている機能なのです。自分と似た性質のもの、似た形態を持つものに好感を抱く、これを同類選択といいますが、この同類になろうとする努力（同一化）こそ、ＰＥＡと並ぶ重要な恋の要素なのです。

たとえば、一匹のオス犬がいたとします。この犬は生まれてから一度も外に出たことがなく、他の犬にもまったく会ったことがないとします。もしかしたら自分は人間だと思っているかもしれません。ある日大人になったそのワンちゃんは、お散歩に出かけ、一匹のかわいいメス犬と出くわしました。さて、このオス犬は恋に落ちるでしょうか？

答えはイエスです。一度も他の犬に会ったことがなくても、メスを知らなくても、犬は人間ではなく犬に恋をします。これは、犬の遺伝子の中に、自分と同じ種類の生き物、同じ性質を持っているものを見分け、好きになるようにするプログラムがあるからだといえます。顔かたちや体つきといった容姿、ワンという鳴き声、歩き方、匂いなど、あらゆる点から、「この生き物は自分と同じ種である」ということを認識するのです。

この同一化現象は、おもに集団で群れを作って生活する生き物に備わっている本能で、たとえば渡り鳥などは、この同一化によって群れの仲間と同調した行動をとるようになるからこそ、安全に生きていけるのです。もしも群れからはぐれてしまえば、天敵に襲われたり、安全に移動できなくなってしまいます。

もちろん人間も、社会という集団を作って生きる生き物で、同一化という本能が備わっています。そして、なるべく自分と同じ性質、形態を持っているものに惹かれる同類選択の傾向があるのは不思議なことではありません。ですから、同じレベル、同じ生活習慣、同じ価値観などを持つことを相手にアピールすることが恋するうえで非常に重要な要素になってきます。

これは逆も成り立ちます。たとえば、永年連れ添った夫婦などは、クセ、しぐさが似てきますし、気の合ったカップルを観察すると、行動が似てくることがわかっています。そして息が合い、行動のリズムが合ってきます。口癖をマネしたり、同じ小物を持ったりするのも好感度の表れです。好きな人の口調を似せたり、お揃いの物を持ったりするのは、とくに中高生などにはよくみられる現象です。ただし、口癖をマネするなどはただ単にバカにされているだけという場合もあるので要注意ですが、少なくとも嫌われてはいないことのほうが多いといえます。

タレントや、人気スターが持っているというだけで商品が売れるというのも同一化の一種で、だからこそ好感度の高いタレントを高いギャラを払ってCMなどに起用するわけです。このように同一化現象は、それが直接恋愛に結びつくというものではなく、好感度を上げるという、恋に落ちる準備段階として非常に重要であることがわかります。

同一化は恋する準備段階

では、自分にはないもの、自分と違った部分を持つ人に惹かれるというのはどういうことでしょう? これは冷静に考えれば当たり前のことなのですが、違っていても問題のないもの、自分にはない魅力となるもの、そういった基本以外の部分に限られることがわかります。

たとえば、背が低い人が、背が高い人に惹かれることはよくあります。これは低い身長が非常に大きなコンプレックスになっている場合、その自分にないステータスに強い魅力を感じてしまうからです。しかし、大金持ちの人が貧乏さに惹かれることはまったくといってありません。

つまり、自分にはないものが特別な魅力となる場合にのみ惹かれるわけで、同一化が崩されたわけではないのです。同一化によって恋の準備段階をクリアしたうえで、自分にはない魅力や、自分よりも優れた部分がPEAを引き出し、恋に落ちるのです。ですから、気に入った人がいたら、まず話を合わせ、「自分に近い性質を持っているんだ」と思わせることが非常に重要になってきます。くれぐれもいっておきますが、関西弁の人は関西弁の人に出会ったらかならず恋に落ちる、というようなことではありません。

男が求める〝美〟とは何か

PEAを出させる最大の要素、それはなんといっても〝美〟です。美しいものに人間は興味を持ち、惹かれ、手に入れたいと思います。最近の研究では、生まればかりの赤ん坊でも美しい女性かそうではないかを見分けるそうです。つまり、美という概念は生まれつき備わっているものであり、ある程度本能に基づいているものであることがわかります。

では、「美しければ絶対にPEAが出るのか?」というと、そうではありません。まず、先ほど述べた同一化を満たす必要があります。つまり、いくら美しくても人間は絵や車には恋をしないのです。そして緊張感があること。あまりに美しすぎるもの、どんなにがんばっても手に入るはずがないもの、手に入ったとしてもその代償が大きすぎるものにはPEAは出にくいのです。なぜなら、そのようなものに対してはリアルさがないため、手に入れようという緊張感がわかないからです。

たとえていうならば、目の前に3億円のダイヤモンドがあって、これをキレイだと思うことはあっても、緊張しませんよね。ところが、このダイヤモンドを今夜盗むぞ！　と考えてみる場合、ダイヤモンドを目の前にあぶら汗が出るほど緊張します。つまり、絶対に手に入らないものに緊張感を持つほど人間はバカではないということです。

親や兄弟もそうです。たとえお兄ちゃんがどんなにカッコよくても、普通の精神状態の方であれば、幼いころから毎日接している兄弟に緊張感を覚えず、当然、真剣に恋に落ちるほど惹かれることはありません。第一、お兄ちゃんを恋人として手に入れようと考える人はまずいないと思います。最近では、人気のアイドルや、アニメのCGにまで本気でPEAを出して恋に落ちてしまう人もいるようですが、これは逆に、仮想空間で自分の思いどおりに相手を操り、バーチャルな獲得状況を作ることができるからです。

〝美〟は普遍的なものだけではない

では、いったい〝美〟、美しさとは何なのでしょう?

よく、美人といわれる人と、かわいいといわれる人がいます。どちらも魅力的ですが、いったいどこが違うのでしょうか? まず、一般的に美人であるというのは、「左右のバランス、目、鼻、口などのパーツの位置、均整がとれていること」と説明することができます。一方かわいいというのは、均整がとれているものの、その顔が幼児の形態に似ている場合です。この辺は人の好みですが、両者とも均整がとれていることには相違がありません。とにかく、美しさとはまさに均整がとれていることでり、人間は、本能的に均整がとれたもの、バランスがとれたものを美しいと認識するのです。

また、美には学習による刷り込み現象もあります。本当は醜いはずのバランスが悪いものに対しても、強い思い込みによって美を感じるというものです。これにはコントラスト効果も手伝っています。つまり、あまりに完璧な均整はリアルさがなく、かえって、少し醜い部分を備えていることで、その部分が美しい部分を際立たせるという効果です。たとえば、八重歯などはその典型例です。女性からすると、どうしても許せずに、削ってしまったりすることもしばしばですが、八重歯を愛くるしいと思う男性も実際に多いのです。

また、流行が人間に美意識を芽生えさせることもあります。単純接触の原理です。つまり、毎日毎日雑誌やテレビなどで流行りのものに接していると、それが美しくなくても美しく見えてくるという原理です。たとえば、ちょっと前に顔グロというファッションが流行りましたが、流行によって作られた美意識なので、これも時代が過ぎれば「変なの、なんであんなメイクしてたんだろうね」としか思われません。閉鎖された集団（たとえば学校内の高校生）であれば、このような洗脳に近い美意識が芽生えるのも不思議なことではありません。

ただし、その場合は高校生という集団に属さない人々には「変なメイク」と思われるだけです。それが証拠に、あれだけ顔グロというメイクが高校生に流行ったにもかかわらず、テレビや映画、雑誌などのアイドルタレントの女性たちは絶対にそのようなメイクをしていませんでした。そのようなメイクが表紙を飾ったのは、高校生が読むティーンの雑誌だけだったはずです。

このように、美とは普遍的なものである一方、流行やそれに左右された思い込みによって作り上げられるものだということがわかります。ですから均整がとれている女性は、好みの差はあれど、決してブスといわれることはありません。しかし、

人が恋する仕組み

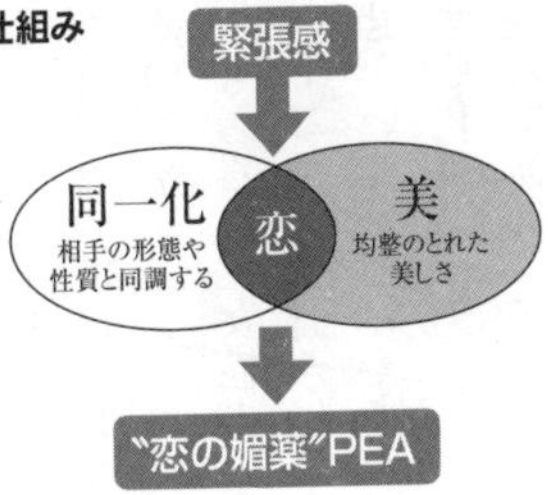

刷り込みによって作られた美意識は見る人によってはブスと評価されることがあるかもしれません。

逆に、デビューしたてのころはブスを売りにしているような女性タレントが、人気が出て露出度が高くなると、かわいいと評価されることは多々あり、これこそが単純接触の原理といえます。「美人は三日で飽きるけど、ブスは三日で慣れる」という失礼なこともわざもありますが、まんざら嘘とはいえないようです。ですから、美人ではなくとも、かわいいと評価してくれる男性がいればいいわけで、男性にそのように刷り込むこともPEAを引き出すには十分な魅力となり、武器になります。

とくに男性は、外見的魅力によって、この女性とセックスしたいという感情（セックスアピール）が、そのまま「好き」という感情に直結しやすい生き物で、セクシーさこそが、PEAを引き出す最大の要因になります。

ちなみに男性は、女性の胸元が開いていたり、キャミソールで肩が出ているのを見ただけでPEAが出てしまいます。その証拠に、男性はヌードグラビアに釘付けになり、街でミニスカートの女性がいれば、ついそっちに目がいってしまいます。キャバクラに行って鼻の下をのばす男性が後を絶たないのは否定し難い事実です。女性は男性ほど単純ではないので、これは女性にはなかなか理解し難い現象のようです。しかし、男性の多くが外見的な美に捕われやすく、女性にとっては美しさを磨くことこそが、恋愛で成功するための近道であるといえるのです。

もちろん、女性の内面はどうでもよいといっているのではないのですが、PEAによる錯覚を引き起こす、恋愛初期段階のきっかけ作りには、美がどうしても欠かせない要素といえます。その証拠にどんな不況になっても、女性の美しさをアップする化粧品や美容品は売れ行きが落ちず、彼女たちはファッション雑誌をこぞって読んで研究します。これは女性自身も、男性が美しさに弱いことを十分に知っているからだといえるでしょう。

女が合コンに自分よりかわいい子を連れて来ないワケ

合コンをしたことがある男性ならば、ほとんどの方がこう思った経験があるでしょう。「かわいい子を連れて来てくれるって言ったのになあ」と。もちろん女性も同じことを思った方はいらっしゃるでしょう。合コンを主催する幹事は自分よりもかわいい、かっこいい友だちを連れて来るケースが少ないこと、これを私たちは「幹事MAXの法則」といっています。ですがこれは、単なる冗談や、気のせいではなく、科学的な根拠に基づいた立派な法則なのです。

こんな実験結果があります。男子学生にある女性の写真を見せて、自分の彼女にするとしてルックスを評価してもらうという実験を行ったのですが、このとき、写真を見せる前に美しいモデルの出ている映画をじっくりと見せた学生と、そうではない学生とでは、女性のルックスの評価に大きな差が生まれたのです。じつは、直前にモデルを見た学生の評価は、モデルを見ていない学生に比べて、著しくその女性の評価が低くなったのです。

これは直前に美しいものを見ることによって、美意識のレベルが上がったことを示しています。この現象は、そのモデルの名前にちなんで「ファーラー効果」と呼ばれています。つまり、自分よりも美しい人に囲まれていたり、魅力的な友だちと並んだ場合には、通常よりも低い魅力としてまわりに評価されるわけです。

これは恋愛においては明らかに損で、いわゆる引き立て役になってしまいかねません。逆に自分よりもレベルの低い人に囲まれれば、自分が実力以上に高く評価されやすいといえます。いわゆるコントラスト効果で美の魅力が加算されるわけです。

さらにグループの場合、中に美しい人が一人いれば、男性の視線はますますその一人に集中し、単純接触の原理によりその女性はますます美しく見えてきます。そして他の女性はイヤな思いをすることになるのです。ですからそのような危険性を持った女性や、実際に全部持っていってしまった実績のある女性は、二度と合コンには誘われなくなります。

もちろん、自分の実力不足のため、そういった飛び抜けてかわいい友だちを連れていかなければ合コン自体が成立しないような場合や、タレントやモデルなど、そんな友だちがいるというだけで自分の評価も上がる、それを餌によりレベルの高い男性が集まるような場合は、自分よりも明らかにかわいい女性を連れていって利用する場合もあります。しかし、そのような場合も結果として自分がおいしい思いをすることは少なく、恋愛という厳しい生存競争で好き好んで自分が不利になるような状況を作る人間は少ないのです。だから幹事がＭＡＸになるわけです。

しかも、これだけ情報が発達した社会では、キレイな女性がどんどんテレビや雑誌で露出しているので、世の中の男性は美しい女性を見る機会が多くなります。するとファーラー効果が蔓延していき、ますます美意識は上がる一方のようです。そして現実の女性には魅力を感じなくなり、高望みばかりする男性が増えていき、その結果、独身者ばかりになってしまいます。欧米ではすでに、このような現象が社会問題にまでなっています。ですから幹事が美的にあまり魅力のない人だったら、その合コンに期待しないほうがよいでしょう。

CHAPTER 4 *

女が男に求めるもの、男が女に求めるもの

「好きな異性のタイプは？」

この質問は誰もが聞かれたことがあるはずです。万が一聞かれたことがなくても、自分の好みのタイプを考えたことがない人はいないでしょう。ルックス、いや性格、なにより価値観……、なかには「これといったタイプはないの、そのとき好きになった人がタイプ」なんていう方もいらっしゃると思います。

ですが、間違いなくいえることは、恋愛は一人でするものではなく、相手が望んでいるものと自分が望んでいるものが一致したとき、初めてカップルが成立するということです。いくら「ルックスがいいから好き」といっても、向こうが求めているものを自分が持っていなければ片想いで終わってしまいます。

この章では、カップルが成立する仕組みについて詳しくみていきましょう。

あなたと彼は本当にお似合い？

「お似合いのカップル」という言葉を耳にしますが、「これは科学的にどういうことなのか？」なんてバカなことを真剣に考えてみました。

「お似合い」とはつまり、バランスがとれていてちょうどいいということですが、このバランスとは、お互いの魅力レベルのことに他なりません。ですから、要は魅力のレベルが近ければいいわけで、「お似合い」という表現は、かならずしも誰もが羨《うらや》む美男美女のカップルではなく、ごく平凡なカップルでも、お世辞にも素敵とはいえないカップルにも使える表現なのです。ですから、そういわれても喜んでいいのか悪いのか判断に苦しむ言葉なのですが、じつはカップルが成立するうえでは非常に重要な要素なのです。

世の中には、日本だけでも1億人以上の男女がいるわけですが、彼氏彼女がいる人と、いない人がいます。また、1人で何人もの異性とつき合っている人もいれば、生まれて一度もつき合ったことがないなんて人もいます。さらに、「どうしてこの人に彼女ができないんだろう?」と不思議に思う人もいれば、「なんであの人に彼氏ができるんだろう?」という人もいます。ですから、魅力さえあればカップルになれるというものではないようです。その謎を解くために、このカップルが成立するという現象をわかりやすく物々交換にたとえて考えてみることにしました。

あなたがフリーマーケットに出かけ、物々交換するとします。すると、次のような3つの法則があることに気づくはずです。

（1）価値の釣り合う物同士が取り引きされる。
（2）価値の高い物同士から取り引きされ、価値の低い物は売れ残る。
（3）価値の低い物しか持っていない者が、価値の高い物と取り引きしようと思った場合、何か別の付加価値を付けなければ取り引きは成立しない。

当たり前のことですが、この法則はカップルの成立についてもいえるのです。

（1）魅力の釣り合った者同士からカップルが成立する。
（2）魅力の高い人からカップルになっていき、魅力の低い者は売れ残る。
（3）魅力の低い者が、魅力の高い者とつき合おうとすれば、何か特典を付けなければカップルにはなれない。

つまり、たくさんいる男女が恋愛においてカップルになるという現象は、まさにマーケット（市場）における取り引きであり、運命の赤い糸で決まるわけではありません。これを「カップル市場論」と名づけ、以後そう呼ぶことにします。

市場における自分のレベルを自覚することが大事

これは難しいことでもなんでもなくて、クラスでも会社でも、だいたい人気レベルの近い人からカップルになっていくもので、たとえば一番人気の人と一番不人気の人とのカップルは存在しません。もし、あるとすればそこにカップル市場以外の力が働いている場合で、何か犯罪の匂いがします。

そして、人気のある人からカップルになっていくし、人気のない人はいつまでもカップルになれません。そして人気のない人が自分よりも人気のある人とつき合おうとした場合、ネコをかぶって言いたいことも言わずに我慢したり、プレゼントという経済力を使ったり、送り迎えという労力を使ったり、セックスという武器を利用したりと、タダではつき合えません。完全に都合のいい状態になるか、遊ばれる結果になります。これがいわゆる安い自分に付加価値を付けた状態なのです。ただし、付加価値を付けるのは並大抵の努力ではないので、なんとか無理やりつき合ったとしても長続きはしません。

つまり、恋愛においては自分の魅力価値に見合った相手を探すことが重要で、そのためにはまず、自分の魅力レベルというものを正しく見極めなくてはなりません。

ですから、彼氏彼女ができないという人は、自分の魅力レベルとかけ離れた人を追い求めているか、もしくは自分の魅力レベルを勘違いして評価しているか、そのふたつが大きな原因であることがわかります。

しかし実際、人間は自分のレベルを自分自身で客観的に評価することは難しく、実際よりも高く評価する傾向にあります。「自分のルックスはどれくらいのレベルだと思いますか？」という質問をすると、大半の人が「中の上」と答えるのがそれです。まれに「私はすごい不細工だから、最低レベルです」なんて答える女性がいますが、「そうですね」などと応じるとかならず激怒されます。

つまり、自分ではなんとなく「そうかなあ？」と思っていても、実際そうだという事実を思い知らされることを人は極端に嫌うのです。ですが、自分のレベルを正しく見極められなくては恋愛においての成功はありえないと断言します。過大評価も過小評価もいけません。客観的に見極めなくてはならないのです。

では、いったい恋愛においての魅力とは何なのか？　レベルが高いとはどういうことなのか？　どうして自分を高く評価してしまうのか？　これらの疑問について順に考えていきましょう。

やっぱり「女は顔」で「男は金」

世の中にはモテる人とモテない人がいます。モテる人というのは当たり前ですが、魅力的であり、それだけ魅力を多く持っているということです。では魅力とは何か？　相手が欲しがるものです。つまり相手が欲しがるものを多く持っていることが魅力的なわけで、魅力はあくまで相手が判断するものです。

そこで、「異性を選ぶとき、何を一番重視しますか？」という質問をしてみました。あなたは何と答えますか？　もちろん一口にいうのは難しいし、いろいろな意見があるとは思いますが、一般的な結婚情報雑誌や女性雑誌の統計をとってみると、両者とも性格が1位にくるようです。しかし、心理学者らが正確に調べると、次のようになります。

●女性のベスト3

1位　資質　　2位　性格　　3位　ルックス

●男性のベスト3

1位　ルックス　　2位　性格　　3位　資質

ちなみに資質とは、お金持ちである、社会的地位が高い、将来性がある、頭がよいなどのことを意味します。今現在はお金持ちでもなく、出世しているわけでもないとしても、将来そうなるという場合は資質とします。

どうやら、性格のよさは異性選びの必要条件ではありますが、人間の魅力として最も重視すべきものではないようです。性格とは、優しさ、思いやり、誠意、価値観が合う、おもしろいなどです。前にも述べたように性格は相手によって接し方が変わりますし、万一、性格がモテるための第一条件だったとしたら、誰も苦労して出世したり、ルックスを磨いたりしないで子供のころから性格をよくすることだけにはげもうとするはずです。実際そのようなことはないし、性格がどうのこうのよりも、現実には男性はステータスが高いほうがよくモテて、女性ならルックスがいいほうがモテることは明らかなことです。

さて、年齢が若い女性はこのアンケート調査の結果にあらず、ルックスを重視する傾向があるようです。学生時代、バレンタインデーにチョコレートをたくさんもらうのは、やはりルックスのいい男性であったことは誰もが納得するところです。ところが、アイドルの追っかけをしていた女性も、年齢とともにルックス重視度の割合が減っていくのが普通です。かっこいいだけの男に騙されていくうちに「やっぱ中身よね」となるわけです。そして結婚を考えはじめると「やっぱお金がなくちゃね」となります。つまり、女性が重視する男性の好みがルックスから資質に移っていくわけです。

男性には理解できない不思議なことのように思えるかもしれませんが、決してそうではありません。じつは女性は、つねに人気の高い男性を選ぼうとしているだけなのです。10代の男性の将来の資質がどうなるかなどはまったく予想がつかないため、この段階で資質は異性選びの基準として採用されないのは当たり前です。ですから、頭がいい、勉強ができるという理由でモテることがほとんどありません。残ったものは運動神経や腕力、ルックスのよさなど、いわゆる遺伝子の資質しかありません。したがって、これらが人気を決める基準となるので10代の男性はおもにルックスで順位が決まるわけです。

しかし男性も20代になると社会に出るようになるので、人気は仕事ができる、出世しそうなど、将来の資質を備えた男性に集中するようになります。このように考えると、女性が男性を選ぶ傾向がルックスから将来性に変化していくのは、来るべき子育てを考えているからだということもわかります。

一方、男性の場合、ルックスとは「セックスしたいと思う容姿」、つまりセックスアピールになるわけです。セクシーさ、顔のかわいさ、スタイルのよさ、という意味になり、さらに若さという要素も含みます。とにかく男性にとってセックスアピールは絶大なる威力を発揮します。そしてこの傾向は男性の一生を通してあまり目立った変化がありません。

概して、自分の力で経済力を勝ち取る役割をになう男性は女性に対して資質を求めない傾向があります。性格は当然よいほうがいいのですが、それは「セックスをさせてくれるだけの従順さがあるかどうか」「自分を騙して他の男と浮気をしないモラルのある性格か」に集約されます。つまり、男性はセックスを許してくれる女性の中で最高にルックスのいい女性を選ぼうとするわけです。

性格のいい女性を選ばなければならない理由はそもそもここにあります。つまり、いくらルックスがよくても性格が不一致であればセックスをさせてもらえないからです。価値観や考え方などの性格部分が相手と似ていると、口説くときにコストがあまりかかりません。早い話が、性格が一致しているほうが恋愛が成功する確率が高いわけです。そういう意味で性格を重視するのであって、あくまで性格が女性選びの条件のトップにくるものではないということに本人も気づかない場合が多いようです。

たとえば、ある男性はバレンタインデーに女の子10人から告白されました。その中で誰とつき合うかと聞かれれば、最も性格がよい子を選ばず、最もルックスのよい子を選びます。なぜこうなるかというと、もうすでに、相手が告白してくるという時点で性格のよさがクリアされているからです。つまり、男性は最低限、自分のことを思ってくれているという性格のよさが必要なのであって、それがクリアなら女性を選ぶときはルックスがメインとなることを表しています。それに加えて、告白してくる女性は自分の性格をかわいく見せているはずで、その女性たちの性格を見抜くことなど、鈍感な男性にできる芸当ではありません。

とにかく、これらのことから、男性と女性では求める要素の順位が違っていて、男性は女性に「セックスアピール」を求め、女性は男性に「資質」を求める傾向があることがわかります。つまり男は資質をたくさん持っていること、女性はセックスアピールに富んでいることが、一般的に異性から望まれるものをたくさん持っている、つまり「魅力がある」ということになるわけです。

従順で貞淑な女を求める男たち

では性格とは何なのでしょうか？　もうお気づきだとは思いますが、女性と男性では、性格がいいということの中身が違います。優しさ、思いやりはある程度共通の要素ですが、女性は男性に誠意、まじめさなど「1人の女性だけにコストをかけてくれること」を求めます。これはなぜかというと、たとえ資質をたくさん持っていても、浮気者で資質をたくさんの女性に分け与えてしまえば、当然、自分の分け前は減ります。年収が1億円でも10人の愛人がいたら、1人あたり1千万円ということになります。だったら、年収1千万円で自分1人に資質を注ぎ込んでくれる男性のほうがいいわけです。

これが女性が男性に誠意を求める理由であり、女性は男性を束縛し、うまくコントロールして、自分につなぎ止めておくことで、その男性が持っている資質を一人占めしなければなりません。ですから、女性は誠意があって、コントロールしやすい男性を性格がいいと思うわけです。

しかし、男性からいわせれば、「ありあまる資質を持っていて誠実な男なんているわけないだろう」ということになります。だって、資質を持つためには、男性にやる気を起こさせ、努力させるテストステロンという男性ホルモンが必要なのですが、そのテストステロンは浮気を促進させるホルモンでもあるわけですから。「年収は2千万円だけど、毎日家にいて家族サービスをしてくれる」なんてことはかなり無理な話です。

一方、男性がいいと思う女性の性格には、従順さ、貞淑さが加わります。これも女性がいくらセックスアピールに富んでいても、実際に獲得できなければ意味がないので、「口説いても断らない」「誘ったらOKしてくれそう」「自分の言うことを聞いてくれそう」「私はあなたのものよ、という雰囲気をかもし出している」といった女性を性格がいいと思うわけです。

さらに男性の本能上、たくさんの女性を獲得するためには厳しい束縛が邪魔になります。そして言い訳や嘘に鋭く突っ込まず、言いくるめられる女性が好都合です。従順な女性とはまさにそういう女性なわけです。

「そんなかわいくて、従順で、なんでも言いなりになって、しかも貞淑な女性なんていないわよ」と女性のみなさんならおわかりだと思うのですが、男性はかわいくて、しかもそんないい性格の女性がどこかにいると思っているのです。

さらに男性の特徴として、「ルックスがよくてセックスアピールに富んでいる女は性格もいい」と簡単に思い込んでしまう傾向があります。アイドルの女の子はトイレに行かないと本気で信じている男性がいても不思議ではないのです。これは男性のほうが女性に比べ生存競争が激しいので、美しいものにいち早く惚れ込んで、素早く十分な資質を投資しなければ、女性をモノにできなかったからであり、そうすることが、生き残るために有利だったからこそ備わった能力なのです。

つまり、男性にとってはルックスがよくて、かつモノにできる可能性があれば性格はクリアされたも同然なわけで、ましてや経済力はほとんど無視していいのですから、女性を評価する場合、セックスアピールに始まってセックスアピールに終わるといっても過言ではないのです。

「じゃあ、ルックスが悪い女性はどうしようもないってこと?」と非難されそうですが、そんなことはありません。確かにルックスが悪ければ不利ではありますが、これはきっかけ作りの段階の話であって、恋愛を長続きさせる、いい関係を築く、あるいは結婚ということに関しては、ルックスよりも性格が非常に重要になってきます。それは男性も自分の子供を女性にきちんと教育してもらいたいし、自分以外の男性の子供を産んだりしてほしくないからです。

ですが、ハッキリいってルックスがいいことに越したことはないというのは間違いない事実でしょう。厳しい現実ですが、基本的に男性は、資質を多く持っていること、そして「それを君だけに与えるよ」という誠意を持っていることが魅力的であり、女性はセックスアピールを多く持っていること、そして「私はあなたのものよ」と思わせ、期待させることが魅力的であり、どちらもモテるためには非常に重要な要素であるわけです。

あなたは愛しているほう？愛されているほう？

かの福沢諭吉先生はおっしゃいました。「天は人の上に人を作らず、人の下に人を作らず」と。つまり、人間はみな平等であり、人間の価値に差はないということです。

素晴らしい言葉ですが、現実の恋愛においてはかならずしもそうではありません。確かに人間一人ひとりの命、存在の価値に差はありませんが、能力、魅力には差が生まれます。

女性のセックスアピールについては、巨乳で顔がかわいいからアイドルになれる人もいれば、整形してまで男性にモテようとする人もいて、生まれ持った顔やスタイルによって差が出てきます。

男性の資質については、収入、社会的地位、頭のよさ、体力などによって、運転手付きの車に乗れる人、高級な外車に乗れる人もいれば、毎日満員電車に揺られて通勤する人もいて、生まれ持ったもの、努力して身につけたものによって大きな差が生まれます。

不公平だと思われるかもしれませんが、確かにこの社会は不平等そのものです。ですが、その差がなければモテる人とモテない人は存在せず、競争もなく、あげくのはてには人間は何も努力する必要がなくなってしまうでしょう。

これはアイドルがいいとか、電車通勤の人がダメとか、良い悪いの問題ではありません。差別はどんな場合でも、あってはならないものです。ですが人間は平等だというのはあくまでも理想であり、恋愛においてはその魅力レベルに差があるということをしっかり認識しなければ、成功はありえないのです。

カップルも人間と人間で成り立っているものですから、そこにはかならず魅力の差、レベルの差が生まれます。どちらかのほうが追いかける劣位な立場であり、もう一方が追いかけられる優位な立場になるわけです。これをカップルの「優劣度」と呼ぶことにします。

誰だって恋愛においては優位に立ったほうが楽だし、そうありたいと思いますよね？　もしくはお互いが同じレベルで、平等でありたいと思います。でも、優劣度にまったく差がない、完全に魅力レベルが一致するカップルは理想的ではありませんが、現実には、まったく優劣の差がないということはありえず、多かれ少なかれ、どちらかが追いかけるのです。

たとえば、何かものを頼む場合、頼まれるほうが優位で頼むほうが劣位な立場になります。「お金貸してくれない？」と頼むほうが明らかに不利な立場なので、当然強気に出たり、相手の機嫌を損ねれば貸してもらえなくなってしまいます。逆に貸すほうは、貸すか貸さないかを選ぶことができます。つまり選択権は優位な立場の者が握っていて、優位な者がその関係においては主導権を握ります。人間関係は優位な者に劣位な者が合わせることで成立しているので、もし劣位な者が逆ギレでもすれば、「じゃあいいよ、貸さないから」で終わってしまうのです。これが主導権であり、優位性です。

ただ、優劣度の差が少なく微妙な関係の場合も多々あります。「お金貸してくれない？」と頼むほうが、以前その人にいろいろな親切をし、便宜を図っていたとしましょう。すると、ここに初めて駆け引きや交渉の余地が生まれます。「前にお前が困っていたときに助けてやったじゃん」「じゃあ、半分でもいいからさ」「利子つけて返すからさ」となるわけです。これが駆け引きであり、カップルの間でもこの駆け引きが頻繁に行われているのです。

「最近私からばっかり電話しているから少しかけないで待ってみよう」「会いたいって言うのはいつも私ばかりだからもう言わない」「会うとエッチばっかりだから今日はイヤ」など、毎日のように何かしらの駆け引きが行われます。

しかし、優劣度の開きがあまりにも大きいカップルの場合はこの駆け引きが成り立ちません。彼のほうが圧倒的に優位だった場合、「最近私からばっかり電話しているから少しかけないで待ってみよう」なんて駆け引きをすれば、いつまで待ってもずっとかかって来ないわけで、「会うとエッチばっかりだから今日はイヤ」などと言えば、「だったら別れる」なんて捨てられて終わりです。つまり、駆け引きする余地がないわけです。

逆に優劣度に差がなく、魅力レベルが近いカップルほど駆け引きは頻繁になります。ケンカするほど仲がいい、というのはまさにそういうことを表しているわけで、優劣度の差が大きすぎるカップルはケンカすることさえできないのです。

だってケンカすれば「じゃあ別れるよ」と言われてしまうのですから。そうなると困るので、当然、劣位な者がひたすら我慢するしかなく、ストレスをかかえることになります。エッチを求められても拒めない、料理洗濯に部屋の掃除までやっても旅行やデートに連れていってもらえない、他の女性と会っているらしいメールを見つけてしまっても言い出せない、そんな状況に追い込まれても、文句さえいえないのです。

恋愛初期段階でPEAによるときめきに満たされているときはそれでも我慢できるかもしれませんが、長期間は我慢できませんから、結局長続きはしないわけです。ですからカップルが長続きする、お似合いのカップルになるためにはこの優劣度が近いことが必要条件となります。

ところが、この優劣度の判断はそれほど簡単ではありません。というのも、優劣度はつき合った後で変わることがあるからです。とくに女性の場合、「相手から好きだと押されてつき合ったけど、今は自分のほうがハマってる」なんてことはよくあることです。そして誰もが自分が少しでも優位になろうと駆け引きを試みるのです。ですが普通、優劣度はつき合う前から決まっているもので、努力したからといって変化するものではありません。

ですが、この文章を読んで不思議だと思われた方はいないでしょうか？　最初は男性からのアプローチで恋愛が始まることが多く、このとき、優劣度では女性のほうが優位な印象を受けます。しかし、実際につき合ってみると男性のほうが徐々に優位になっていくというのは、先ほど「優劣度は変化するものではない」と断言したことに反するからです。実際、女性優位から男性優位に変化するカップルはたくさん存在します。

ところが、この理屈は決しておかしくないのです。それは、男性が女性を口説く前は自分が劣位である芝居をするという特徴があるからです。口説くまではあの手この手で親切にするのが男性です。これではまるで女性が優位にみえるのですが、実際は男性が優位であり、それがつき合いだすと本当のところがみえてくるだけです。結局、男性が優位であることはつき合う前から変わりがないわけです。

いきなり呼び出されてエッチしたらバイバイ、なんて〝都合のいい女〟状態が続いている方、いつも彼女のわがままに振り回されて、利用されてるだけの方などは、圧倒的に劣位であり、「いつか本命に」なんて優劣度の大逆転を夢見るのは、かなり可能性の低いことです。そういう恋愛では結局、劣位な者が疲れて、自然消滅する運命にあります。

つまりは、つき合う以前から明らかに優劣度に差があるカップルは長続きせず、遊びで終わる恋とは最初からある程度わかってしまうものなのです。

どうして男を見る目がないのか

「俺は浮気をしない」と言っていたのに、つき合ってみたら他に彼女が3人もいたとか、「まったく働かずに、食事も割り勘どころか私がおごってばかり」とか、「マメで優しいと思っていたのに、釣った魚に餌はやらないタイプだった」などと、騙されっぱなしの女性は結構いるものです。

しかし、女性は本来、男性をしっかりと見極め、選ぶ能力に優れています。洞察力も優れているので男の嘘を見抜き、騙されにくいはずなのです。それにもかかわらず騙される女性というのは、じつは男を見る目がないのではなく、自分のことを見る目がないのです。男の嘘は見抜けても、自分のことを客観的に評価することは非常に難しく、しかも女性のほうが自分のレベルを高く評価してしまう傾向が強いのです。

カップルになるにはレベルの差が近いこと、優劣の差が小さいことが絶対条件だと述べましたが、自分のレベルがわからなければ相手と正しく比較することはできません。ですから本当に男を見る目がない女性というのは少なく、じつは男を見る

生殖可能年齢にある男女の数（日本人の人口統計2000年の推定値）

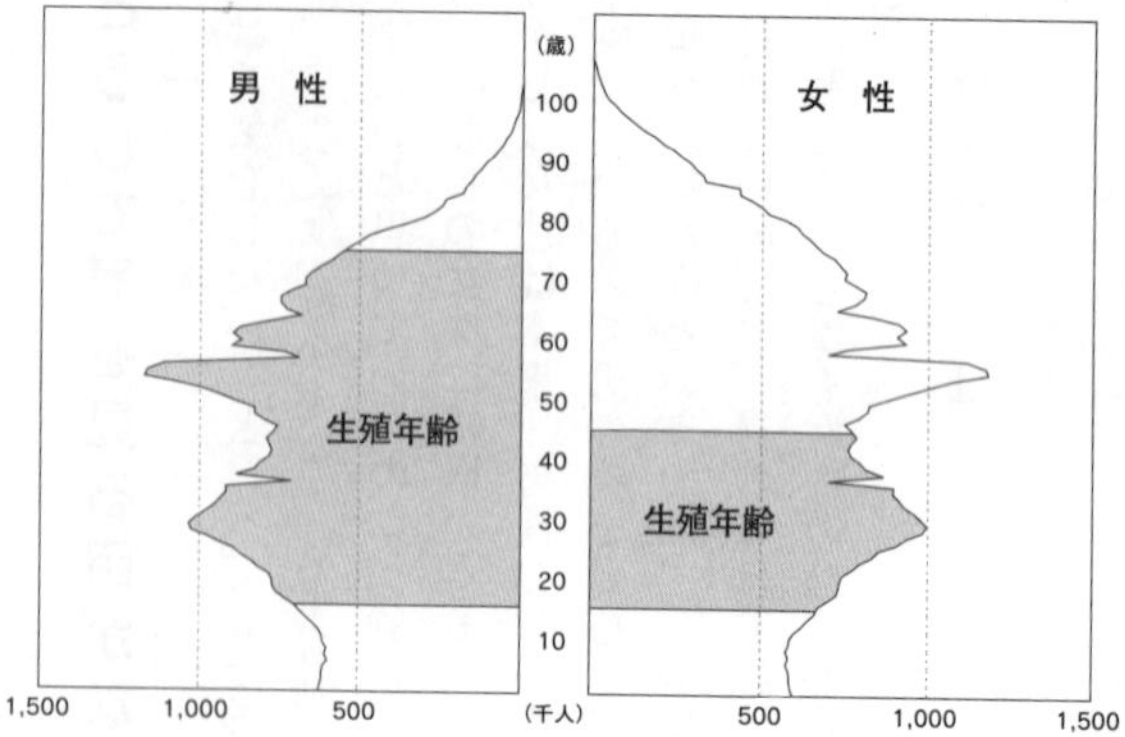

目とは自分のレベルを正しく評価する目であるわけです。

そしてそのレベル差に気がつかないまま恋に突き進んでしまうと、当然の結果として都合よく扱われ、「騙された」となるわけです。これが高望みといって、女性が恋愛で失敗する最も大きな要因のひとつなのです。

高望みは、彼氏ができないと悩んでいる女性の原因の大半を占めます。つまり高望みさえしなければ女性に彼氏ができないはずがないのです。

「そんなわけないわ」と思う方に考えていただきたいのですが、この世の中には男と女、どっちが多いと思いますか？

単純に人口を比べればたいした差はな

く、ほとんど同じです。しかし、子供を作ることができる男女と考えると、その人数には大きな開きがあります。これを生殖可能年齢といいます。生殖可能年齢を、女性は生理が始まる15歳くらいから45歳くらいまでの30年間であるとすると、男性は同じく精通が始まる15歳くらいから性器が使用可能な75歳の60年間になります。その年齢帯にあてはまる人口は、約2倍ほど男性のほうが多いのです。

つまり女性のほうが絶対的に人数が少ないのですから、当然、異性選びでは女性のほうが有利で、男性のほうが厳しい競争を勝ち残らなければならないのです。100人のクラスに女性が30人しかいなければ絶対に女性のほうが異性獲得に有利ですよね。しかも男性の中には、結婚しているいないにかかわらず、1人で複数の女性とつき合っている人も少なくありません。

さらに、女性はいったん妊娠すると最低でも1年近くは他の子供を産むことができません。しかし男性は産んでくれる女性さえいて、精力が続けば、1年間で何人でも子供を作ることができるのです。もっと単純に考えれば、世の中には卵子の数より精子の数のほうが圧倒的に多いのです。1個の卵子に群がる精子は数億なのですから。

なぜ女は高望みしてしまうのか

このように、恋愛は市場なわけですから、買い手・売り手の数に圧倒的な差がある男女の場合、男性のほうが競争が激しく、女性が余ることは本来はありえないのです。しかし、「周りになかなかいい男がいない」「好きって言われているんだけどイマイチ物足りなくて」「いい人なんだけど恋愛対象としてはちょっと」などが口癖のようになっている女性は多いのです。そのような女性は贅沢をいっているだけで、誰ともつき合えないわけではありません。これこそが高望みであり、女性の恋の悩みのほとんどは、これが原因です。

女性は、ただでさえ高望みになりやすい傾向があるというひとつの例を挙げてみましょう。

ある女子高生からこんな相談をされました。「お医者さんに恋をしてしまいました。脈はありますか？」と。その答えは簡単です。「あなたがクラスで1位か2位のルックスがあれば脈はあります。でもそれ以下なら脈なしです」と。なぜならば、医者の社会的地位は最高ランクで、年収は最低でも1000万円は下りません。年収が1000万を超える人は男性全体のわずか数%です。つまり男としての資質ランクは100人いたらベスト3以内に入るわけです。ですから女性のセックスアピールも100人いたらベスト3に入るくらいでなければ釣り合いがとれず、結局高望みになるわけです。しかしその女子高生は納得しませんでした。「確かに私のルックスは中の上くらいで、決してクラスで1番ではありません。でも、そのお医者さんはデートにも誘ってくれたし、好きだとも言ってくれました」——じつはここに、女性が高望みに陥る大きな落とし穴があるのです。

男性を支配するテストステロンというホルモンは攻撃的性欲を生み、浮気を促進させ、より多くの女性を獲得しようとさせるホルモンだということは述べてきましたが、男性は女性にセックスという魅力があるかぎり、真剣に愛していなくとも心が動くのです。デートに誘って「あわよくば都合のいい女として利用してやろう」と思ったり、「好きだと言えばエッチさせてくれるならいくらでも好きと言ってやる」と思うわけです。その場合、レベルは無関係となります。「据え膳食わぬは男の恥」ということわざがあるように、男性は自分に近づいてくる女性を邪険には扱いません。もちろん、それと真剣な恋愛とは別のものです。

逆に男性が高望みしてアプローチした場合は、簡単にあしらわれます。「ちょっと遊びでエッチしよう」などと思う女性はほとんどおらず、「超ウザイ」「キモイ」などと言われておしまいです。よくてもアッシーとして利用されたり、食事だけおごらされてエッチまでは到達できません。ですから男性は高望みをすると完全に失敗し、誰からも相手にされなくなります。つまり、男性は高望みをしようと思ってもできない仕組みになっており、女性は高望みをしようと思えば、遊びとして扱われるという条件付きで可能となります。

人間は、ふられることによって自分のレベルを思い知らされていきます。何度か失恋したり、片想いをしたり、別れを繰り返すうちに自分のランクを知るわけです。でも女性は男性よりも無下にふられることが少なく、曖昧な関係に陥りがちなので、いつまでたっても自分のレベルを知ることができず、高望み体質になりやすいわけです。案の定、その女子高生の恋の結末は、「エッチしてから急に冷たくなった」というものでした。自分のルックスを「中の上くらい」「決して悪いほうではない」などと思っている女性のみなさん、要注意です。

優しいだけの男がモテないワケ

以前、「キレイなお姉さんは好きですか?」というCMがありましたが、その問いかけに「嫌いだ」と答える男性はまずいません。同じく「優しい男性は好きですか？」と聞かれて、「嫌い」と答える女性も少ないでしょう。だったら優しければ男はモテるはずですが、実際は、優しいだけでは男はモテず、逆に「ちょっと冷たい部分もあるような男性が好き」という女性が多いようです。

本当に優しい人は丁寧な言葉遣いをして礼儀正しく人に接するはずですが、そんな女性に対してバカ丁寧に接する男性よりも、「お前さあ」「バーカ」などと失礼なくらいの態度をとる男性のほうが不思議と人気があります。「素敵ですね」とほめられるよりも「かわいくねえよ」と言われるとドキッとする、なんて女性もいます。

もちろん丁寧に接すれば「いい人」とは言われますが、恋愛対象としては見てもらえないことが多く、ただの「いい人」で終わってしまうケースが多々あります。つまり優しいだけの男性は物足りなく、ときめきを感じる恋愛対象にはなりにくいのです。

この理由はもうおわかりでしょう。ＰＥＡは自分よりも優位なものに対して出やすいからです。つまり、女性の前で緊張せずに堂々として余裕のある態度ができること自体、その男性が優位である証拠で、その優位性を女性は男の強さとして魅力に感じるのです。女性がよく好みの男性の条件として挙げる「尊敬できる人」というのも、じつは「優位性を持っている人」という意味なのです。ですから恋愛において女性を惹きつけるには、ある程度の優位性を感じさせなければならないということになります。

しかし、じつはこの「尊敬できる人が好き」「冷たくされるのが好き」というのは、高望みをしている女性にみられる典型的特徴なのです。優位性があるということ自体、自分よりもレベルが上で、高望みになってしまうからです。「好きって言われると退いちゃう、やっぱ恋は追いかけないと」という女性も多いようですが、これも高望みです。

恋は追うと逃げると説明したとおり、追いかけたいと思うくらい優位な人に対してPEAは出やすく、逆に追いかけられるとPEAは出にくいのですが、実際は追いかけているという時点で高望みになってしまうのです。ですから「尊敬できる人が好き」と言うくらいなら、まだ救いようはあるのですが、「冷たくされるのがたまらない」などと言っている女性は、手の施しようがない重症の高望み症候群に陥っています。

じつは、男性は女性のみなさんが思っている以上にシャイな生き物で、本当に好きな女性の前では緊張し、堂々としてなどいられないのです。面と向かって女性をけなしたり、冗談を言ってバカにしたり、ジッと目を見つめたり、臭いセリフを真顔で言ったりはできないのです。

ところが女性はそういう優位性を示すことができる男性を好む傾向があり、彼に惹かれていきます。そして冷たさの中にちょっと優しさをちりばめられたりでもしたら、なおさら優しい人だと勘違いしてしまうのです。

本当に真剣に愛してくれる男性は、緊張のあまり器用に振る舞えず、その優しさを伝えることができないはずです。しかしそういう男は「物足りない」なんて言われてしまうのです。ですから「優しい男がモテる」というのは本当でもあり、嘘でもあるのです。

優しいだけの男性は物足りないという気持ちは非常によくわかるし、優位性がある男性に惹かれるのも仕方がないとは思いますが、実際は高望みであるために、都合よく扱われてしまう危険性が大きいのも事実です。自分のことを真剣に「好きだ」と言ってくれるちょっと物足りないくらいの男性を、もう一度見つめ直してみることも大切なのではないでしょうか。

なぜ男は若い子が好きなのか

「ロリコン」という言葉を知っているでしょうか。ロリコンとはロリータ・コンプレックスの略で、一般的には自分よりもかなり年下で、性的に成熟していない幼い女性を好む男性を指す言葉です。

実際、ロリコンとまではいかなくとも、それに近い趣味の男性は非常に多く、アダルトビデオや風俗店では、その分野の根強いファンがいますし、グループ名の最後に「。」が付くアイドルグループはいまだに人気です。メンバーの中にはつい最近まで小学生だった方もいます。しかもその人気は同年代の中高生にのみ支えられているのではなく、大学生や普通のサラリーマン、お父さん世代にまで幅広いのです。

しかし、幼い男性を好む女性は少ないし、歳をとった女性を魅力的だと思う男性も非常にまれです。つまりロリコンとは、ある程度男性に限定された、女性には一般的ではない特徴なのです。

さて、男性は若い女性に目がありません。男女の出会いの場では、かならずといっていいほど「歳いくつ？」と聞かれるし、女性はつねに年齢のプレッシャーに悩まされます。

これは単に、若いほうが魅力的だからという理由に他なりません。なぜなら若さとは、性的活動がピークにあるという象徴で、妊娠能力が高い状態であることを示しているからです。女性はそのような状態にあるとき、エストロゲンなどの女性ホルモンが多く分泌され、オスを引きつけるのですから、当たり前といえば当たり前です。

若く健康的なことは、丈夫な子供をたくさん産めるということを表しているので、そのような女性に恋をしてセックスすることは、自分の遺伝子を多く残す可能性を高めるわけです。逆に妊娠可能ではない状態の女性を好きになってセックスをしたとしても、それは生殖行為ではないわけで、幼児や生理があがってしまった女性にしか興味がわかない男性は一種の変態（特殊な性の嗜好を持った人）ということになります。

ですから、男性に生物学的に最も人気があり、一番魅力が高いと思われている女性像は、15～19歳くらいの間だといえるでしょう。そしてこの年齢帯の女性は、実際に一生のうちでエストロゲンなどの女性ホルモンの分泌が最も活発で、受胎能力も一生のうちで最高に達します。この傾向は日本だけでなく、欧米でもトップクラスの女性タレントのデビュー年齢は15～16歳に集中していることからもわかります。つまり中学3年生レベルの女性がもてはやされているのです。

もちろんこれには個人差がありますが、CMやテレビのオーディションなどでは、かならずといっていいほど年齢制限があり、その上限は25歳がほとんどです。しかし、現実問題、デビュー年齢となると女性タレントのほとんどが20歳未満です。テレビやCMでは若くて美しく、健康的な女性ほど好感度が高く、世の男性にアピール効果があるのですから、そこで求められる年齢が、世間一般の男性に最も人気があると考えられるわけです。

ですから若さとは、美と健康の象徴であり、男性が望むセックスアピールが最も高い状態であることを意味します。極端な話、「若いだけでモテる」というのもまんざら嘘ではありません。女性自身もそのことをよく知っているからこそ、ファンデーションで中高生の年代の肌を真似し、パンティストッキングをつけて肌のむらをごまかし、年齢のサバを読むのです。

「1歳や2歳ごまかしてもしょうがないだろう」と思うのは男性だけで、女性にしてみればその1歳2歳が重要です。定期券に書き込む年齢が自己申告なのはご存じですか？　この定期券に書く年齢でさえ、女性は偽ることが多いようです。ある調査では、定期券に書いてある年齢で一番多いのはなぜか28～29歳だそうです。つまり30を過ぎた女性が28～29歳とごまかすのだそうです。

一方、男性はどうでしょうか？　男性の生殖可能年齢は先ほど述べたように理論上無限で、あまり男性の若さに固執する女性はいません。逆に、ある程度年齢が上のほうが社会的、経済的にも安定しており、包容力があったり女性の扱いにも慣れている、つまりは女性が求める資質が高いので人気があるほどです。

それでもやはり年寄りはNGとされますが、その理由とて生物学的には「いくら収入やステータスが高くても、寿命が短いとその経済力の恩恵を受ける期間が短くなる」からです。男1人の資産価値は「あと何年生きられるか×平均年収」といわれています。したがって、年収が3億円の老人は何度でも再婚が可能ということになります。それほど男性の年齢は女性にとって無視されうるのです。

女性の魅力ピークはいくつまで？

このように考えると、年齢によっても女性の魅力に差が生まれることがわかります。普通は1回しか結婚のチャンスはないわけですから、その1回でできるだけいいパートナーを見つけたいものですが、高望みとならないためには自分も一番高い魅力があるときに見つけるのが得策です。株価のように最高値で売ることができれば一番得をするわけです。逆にまだ上がる可能性があるうちや、下落気味になって底値になってからでは、超大安売りで叩き売りするしかなく、損します。ですから自分が市場で最も高く評価される時期、市場価値のピークを見分けなくてはなりません。

先ほど女性の魅力のピークは15～19歳くらいだと述べましたが、これは結婚のピークとはやや違います。ただ単に彼女としてつき合うならその年齢が最高ですが、結婚にはある程度、社会的常識や人生経験、考え方など、人間性が必要です。ですから精神的にも社会的にも成熟する20代前半から30歳前までがピークといえるでしょう。つまりこれが結婚適齢期になります。ちなみに、厚生労働省の人口問題研究所の調べによると、25歳から29歳の女性と結婚を考えるというのが最も多い回答でした。

同じく男性も、将来の展望が見えないうちから焦って結婚するよりは、ある程度社会的に成功を収めてから結婚したほうが、よりレベルの高い女性を獲得できる可能性が高くなります。

ですから、同じ年代であれば女性のほうが魅力のピークは早く来ることになります。高校時代に告白されて「イマイチだなあ」なんて思ってふってしまった同級生の彼が、社会人になって成功を収めてから「もったいないことしたなあ」などと思っても、女性の市場価値のピークは過ぎていたりするので要注意です。

適齢期にある多くの女性は、現在チヤホヤされているので、「これから先もっといい男が現れるかも」なんて思いがちですが、女性の市場価値のピークは長くはありません。しかも最近では女性の社会進出が進み、情報化社会になると、仕事や趣味にこのピークの時期を使っている女性も多いようです。ですから、「今は恋より仕事」「今しかやれないことがある」なんて余裕をかましたり、「もっともっと」と高望みしているうちに、「いつの間にかピークが過ぎていた」なんてことが起こりやすいのです。言葉は悪いですが、女性には賞味期限がある、つまりモテる時期は短いということをお忘れなく。

血液型で性格はわからない！

「血液型、何？」

合コン、出会い系、クラブのホステスとの会話……、とにかく男女が出会う場所ではかならずといっていいほどこの質問が飛び交います。さらに自己紹介のプロフィールなどにも血液型という欄があります。

これは、血液型を知ることで、「その人のことがわかる」「性格を知る情報になる」と思われているからです。A型ならまじめ、B型なら個性的、O型なら大ざっぱ、ABなら二重人格などといわれていて、その相性までもが決められています。しかし、そもそも血液型って何なのでしょう? じつは血液型の分類には200種類以上の分け方があって、ABO式というのはそのひとつにすぎません。

ABOというのは、血清のタンパク質の一部の違いによって分けられるのですが、実際問題、この違いは人間の性格にはいっさいの影響を及ぼしません。なぜなら、この血液型の違いを作り出している抗体という物質は人間の脳内には入れないからです。脳の入り口には関所のようなものがあって、脳に有害なものが入らないように見張っているのですが、そこでせき止められてしまうのです。

人間は脳で考える生き物であることは地球が丸いのと同じくらいの常識ですから、血液型が人間の性格に影響を及ぼすようなことがあるわけがありません。しかも血液型で人間の性格を語るのは日本人ぐらいなもので、そんなに重要なことならば、きっと世界中で研究されていて、大学にも血液型学科が設立されているはずです。

さらに最近の研究では、やはり血液型は性格に影響があるという説もありますが、たとえあったとしてもごくごくわずかなもので、後の生活環境や、後天的影響のほうがはるかに大きく、無視していいレベルと考えられます。

しかし、これをいくら説明したところで血液型を信じている人は納得しません。絶対に関係があると言い張るのです。「私がつき合った人は4人中3人がA型だった」などと言い張る人は、200人くらいとおつき合いしてみればいいのです。そうすれば確率的にほぼ均等に分散されて、バランスがよくなることがわかるはずです。「B型の人とはなぜか気が合わない」とおっしゃる方も、逆に気が合うと思っている友だち全員の血液型を調べてみればいいのです。すると同じ数のB型がいることに気づくはずです。

実際、血液型分類の信奉者がいっている内容は、メチャクチャだったりします。「A型は基本的にまじめだけど、いい加減な部分もある」とか、「O型は基本的におおらかだけど、こだわる部分にはこだわる」とかも、よく考えたら「誰だってそうだろ！」ってことなのですけどね。

試しに自分の血液型以外の部分を、自分の血液型の欄だと思って読んでみるといいでしょう。間違いなく当たっています。「私は人の血液型を当てることができる」などと言っている人の正解率は、かぎりなく25%、つまり4分の1に近いのです。適当に言っても4分の1の確率では誰でも当たります。なぜなら4つのタイプしかないわけですから。ちなみに日本人にはA型が多いので、「君はA型でしょう?」とたずねれば、当たる確率はさらにアップします。

つまり、それこそが思い込みであるわけですが、コンパなどでこう否定するとかならず嫌がられますので、そのような場では適当に話を合わせておくほうが賢明です。あまり頑固に主張すると、正しいことを言っているのに、ただの「場の雰囲気を読めない変わり者」扱いされてしまいます。

誤った思い込みは恋愛の大敵

このように、なんの根拠もない血液型性格診断は、占いやゲームとして楽しむぶんには何も問題はありません。事実、合コンなどでは結構盛り上がるし、誰にでも共通の話題として通用します。ですが、ここで注意していただきたいのは、事実ではないもの、根拠のないものを思い込みだけで信じてしまい、大切な情報を誤ってインプットしてはいけないということなのです。

うまくいかないのを血液型のせいにしたり、勝手にこんな性格だと間違って決めつけたりすることで、本当に大切なものを失ったり、傷ついたり傷つけたりするのは非常にばかばかしいことです。そしてその誤った認識は、逆に正しい情報を受け入れることを妨げてしまうことになります。

同じように風水も、霊能も、星占いも、手相も、姓名判断も、心理テストも、動物占いも、何かを知る情報にはならないのです。人間の性格は果てしなく複雑で、ましてや恋する人間の心理はとても繊細です。正しい情報をもってしても人の心の奥底を知ることは難しいのに、強い思い込みがあっては理解できるはずがありません。思い込みと誤った情報こそが、恋愛の一番の敵であるということをお忘れなく。

性格を決めるものは何？

では、いったい何が人間の性格を決めているのでしょうか？　それは間違いなくホルモンと脳内物質です。もちろんそれですべてが解決されたわけではなく、人間の脳、心についてはまだまだ未知の部分が多く、研究もまだ途中ですが、それでもホルモンと脳内物質のバランスによって人間の性格が影響を受けるということがわかってきました。

たとえば、誰でもお酒を飲めば酔っぱらって、気が大きくなったり、判断力が鈍ったり、話がくどくなりますが、これはアルコールという物質が人間の精神に影響を及ぼしている証拠です。何度か登場している恋の媚薬ＰＥＡは人が恋をすると分泌されるといわれていますが、あなたも恋しているときにはこのＰＥＡが分泌されているわけです。あるいはＰＥＡを投与すれば誰でも恋に落ちます。

テストステロンという男性ホルモンは、男性にやる気を起こさせ、闘争心を煽り、浮気までさせてしまうし、女性ホルモンであるエストロゲンは、男性に気に入られようという気持ちにさせます。

さらに脳内ホルモンのセロトニンは人間の眠りを支配し、興奮にブレーキをかけますし、ノルアドレナリンは怒り、興奮という感情をコントロールします。そして実際、凶悪犯罪者のホルモンバランスを調べると、ノルアドレナリンが高く、セロトニンが低いという傾向があります。事実、このような凶悪犯罪者にセロトニンを投与すると、非常に穏やかでいい人に変身します。カルシウムをとるよりもはるかに効果てきめんです。

ちなみにノルアドレナリンが高く、セロトニンが低い人が凶悪犯罪を起こすという意味ではありません。たった一人で大会社を設立したり、大成功を収めた野心家たちも、同様に凶悪犯と同じようなホルモンパターンであることがよくあります。まあ、衝動的であるということは共通していますが。

また、ドーパミンは人間の快感、欲求を支配します。このドーパミンが与える快感を求めるからこそ、人はおいしいものを食べようとか、旅行しようとか、何かしようと思うわけです。

このように、人間の精神は物質の化学変化であり、いくつかのホルモンについてはかなりの部分までわかってきています。しかし人間の脳の中には無数のホルモン、脳内物質がまだまだ存在するといわれていて、それらすべてのホルモンのバランスによって人間の性格や考え方、行動が決定されていくのです。

ですから人間の性格がこれですべて解明されたなどということはできませんが、間違っても血液型や先祖の霊のせいではないことは確かです。

人間の性格はホルモンや脳内物質のバランスで決まるのですが、その詳しい説明については、また別の機会に述べたいと思います。

CHAPTER 5 *

男と女の騙し合い

男と女には生物としての違いがあり、その本能も異なります。よりたくさんの女性を獲得しようとする男性に対して、より優秀な遺伝子を束縛しようとする女性。そもそもお互いに求めるものが正反対で、双方の希望を満たすことは矛盾します。

さらに、人間の能力も平等ではなく、それなりに差があります。誰もが、よりいい男、よりいい女を求め、自分をより魅力的に見せ、少しでも自分に有利な関係を築こうとします。だからこそ、そこに男と女の嘘が生まれ、駆け引きが生じます。ここでは、そんな男と女の騙し合いを解き明かしていきます。

男と女、惚れやすいのはどっち？

「男と女ではどっちが惚れやすいか？」

それは愚かな質問で、明らかに男性のほうが惚れやすくできています。「どっちがエッチか？」という項目でも述べましたが、男性のほうがテストステロンによって簡単に発情しやすく、女性は慎重です。つまり男性は質より量の性であり、女性は量より質の性であるといえるかもしれません。

さらに、カップル市場論でも述べましたが、女性の数は男性の数よりも少ないのですから、女性は選ぶ立場にあり、男性はまごまごしていると余ってしまいます。ですから男性はいいと思ったらすぐに惚れ込んで、発情して、その女性に資質を与え、誠意を示し、告白しなければ生存競争に勝ち抜いていけません。そして女性は男性の遺伝子が本当に優秀か、資質を多く持っているか、そしてその資質を自分だけに集中して投資してくれるか、ということをじっくりと吟味しなくてはならないのです。これは当たり前ですが、男女の駆け引きを考えるうえで非常に重要な部分です。

したがって、男性からのアプローチは話半分に聞いておくくらいでちょうどいいでしょう。男性は本当に好きな女性ができた場合に、自分が持っている力の120%を出して女性を口説きます。毎日電話やメールをして「愛してる」を連発し、豪華な食事に誘い、無理して高いプレゼントを贈ります。そして男は浮気者だけど、「自分だけは違うんだよ」ということを必死にアピールするわけです。

ところがつき合ってしばらくすると、いつまでも120%の力で全力疾走しているわけにはいかないので、手を抜きはじめます。電話の回数が減り、女性に「愛してる?」と聞かれなければ「愛してるよ」とは言わなくなり、一緒に行く食事も近所の定食屋になり、プレゼントも欲しいと伝えていた物ではなくなってきます。ですがこれは愛情がなくなったというよりも、むしろ普通の状態に戻ったということであり、女性は男性からの投資を最初から80％くらいに期待しておいたほうがいいかもしれません。

男はプラス査定、女はマイナス査定

そして男性は、女性の「好き」という言葉を鵜呑《うの》みにしないことです。「好きです、つき合ってください」と告白して、「うん」と言ってもらえたからといって、それを彼女が自分と同じくらいに愛してくれていると思ってはいけません。女性は「うん」と言ってから、用心深く好きになろうすると思っていいでしょう。女性の「うん」は「私も好きだよ」という意味ではなく、「好きになれそう」「好きになれる気がする」なのです。そしてつき合っていくうちにも、しっかりと男性の資質を見定め、試験しているのです。もちろん、女性が一目惚れした場合は除きます。

女性の性はプラス査定で、男性の性はマイナス査定といえるかもしれません。女性は一つひとつプラスの要素を積み重ねて合格ラインに達するのに対して、男性は一目惚れでいきなり合格ラインに達してしまい、そこからつき合うにしたがって、「あれ？ こんな気の強い女だっけ？」「なんてわがままな女だ」「意外に下品だなあ」などと、徐々にマイナス要素に気づいていきます。というのは、男性はいったん相手に惚れ込んで、誠心誠意、女性に尽くしてからでないと、まず恋が始まらない場合が多いからです。

このように、男女の恋する速度には違いがあります。もちろん例外もありますが、一般的にはエクスタシーのグラフと同じで、男性は急激で女性は緩やかなのです。せっかく男性からのアプローチを受けていたのに、少しでも優位に運ぼうとして駆け引きをし、引き延ばしたり振り回したりしているうちに、違う女性のほうに行ってしまった、なんてことはよくある話です。そして彼が自分から離れていった後で「ちょっと待ってよ！」なんて事態にならないためには、駆け引きの限界を知ることです。

じっくり見極めるのと同時に、ある程度ギャンブル的に決断することもときには必要です。「そんな難しいことできるわけないでしょ！」と言われそうですが、だからこそ恋愛は難しいのです。この恋する速度の違いを頭に入れておくことも、恋の行方を見極めるためには重要です。

ただし、ギャンブル的直感ばかりを働かせていると、危険なワナにはめられっぱなしということもあるので注意してください。

本命か、遊ばれているのかを見分ける方法

彼氏がいる方に質問します。自分は彼にとって本命の彼女なのだと自信をもって答えられますか？　答えられるという方はどうしてそう思いますか？

「毎日電話くれるから」「週末はほとんど会っているから」「デートではいつも彼がおごってくれるから」などがおもな理由でしょうか。しかし、そう思っている方は要注意です。そんなことでは本命であることを証明する根拠にはなりません。まして「愛してると言ってくれるから」「なんとなく」などという理由では話になりません。

じつは自分が本命なのか、遊びなのか、本命だけど浮気されているのか、キープなのか、これらを見分ける方法があります。

それは意外に簡単なのですが、投資量というものを計ればいいのです。投資量とは、彼があなたのためにかけてくれる、お金、時間、精神的肉体的労力のことです。つまり本命かどうかは「彼があなたのことをどれだけ高く評価しているか？」ということになるわけで、人間は高く評価しているものには投資を惜しみません。「い

や～、君は素晴らしく優秀で、わが社になくてはならない存在だよ、でも給料は10万円ね」という論理は通用せず、「そんなに優秀だって思ってるなら他の人より高い給料くれよ」ってことなのです。

恋愛においても相手のことを高く評価していて、失いたくない、他の人に取られたくない、嫌われたくないと思えば、人間はより大きな投資をします。ですからこの投資量が大きければ大きいほど、相手は本気だということになります。

だったら「毎日電話くれるから」「週末はほとんど会っているから」「デートではいつも彼がおごってくれるから」なども本命の証拠であるといえるのではないでしょうか？　そうです、そうなのですが、ここで注意していただきたいのは、投資量は「量」ではなく、「割合」で計らなければならないという点です。

たとえば、「毎日電話くれる」ことは、これは立派な誠意、時間、労力の投資です。ですが、他の女性4人にも毎日電話してあげているかもしれません。「デートではいつも彼がおごってくれる」といっても、彼は大金持ちで、1万円単位のお金は「捨ててもいい」くらいに思っているかもしれません。ですから年収200万円の人が1万円のものをおごってくれるのと、年収1000万円の人が1万円のものをおごってくれるのとでは、同じ1万円でも価値が違います。1万円は経済的投資の絶対量で、どちらも同じです。しかし、割合でみると、年収1000万円の人にとっての1万円は収入の0・1%であり、年収200万円の人にとっては0・5%です。つまり同じ1万円でもその価値には5倍の差があるわけで、いくら毎回おごってくれるといっても、他の女性にも同じことができる人だったりすれば、それは本命である証拠にはなりません。

仕事が忙しく、休みが月に3日しかない人と、職もなく毎日プラプラしている人では、同じ1日の休みでも価値が違います。ここが女性が一番犯しやすい投資量の計算ミスなのです。

恋愛だってコストパフォーマンス

人間は、コストパフォーマンスの悪いものにコストをかけない習性があります。恋愛においてもこのコストパフォーマンスは大きな影響力をもっています。

たとえば、会社で一番の美人がいたとしても、口説くのに3年かかりそうならばコストパフォーマンスに見合わず、諦める人が多いでしょう。逆に、あまり美人でない女性でも、気が利いて、一生懸命尽くしてくれる女性であれば、コストパフォーマンスに優れているのでつき合おうという気持ちになるかもしれません。

このように人間は、恋愛においてコストパフォーマンスをつねに計算しています。しかし、ＰＥＡが出ていて冷静な判断ができないと、このコストパフォーマンスの計算もできなくなります。

たとえば、宝くじの1等と前後賞の賞金総額が3億円とか聞くと、当たる確率がたったの７００万分の１であるのに、3億円にＰＥＡが出ているため、ついつい宝くじを買ってしまうものです。７００万分の１の確率で当たるかもしれないと夢をふくらませること自体が非現実的です。ところが恋に溺れていると、その当たり前の事実に気づかなかったり、わざと無意識下で気づかないフリをしてしまうのです。

女性からの告白は失敗しやすいって本当？

男性は惚れやすく、女性のほうが選ぶ立場であるわけですから、女性から告白すればたいていの場合うまくいきそうな気がします。しかし実際は、女性から惚れ込んで告白するような場合は結果的に失敗しやすいのです。

男性のほうが惚れやすいということは、女性のほうが惚れにくいということで、その惚れにくいはずの女性のほうから告白しなければならないような状態は、明らかに女性のほうがその男性に強く惚れている、つまり劣位で、結果的に高望みである場合が多いからです。本来女性は男性からの投資を受けて、その資質を吟味しなければならないのに、女性のほうから惚れてしまうと、十分な投資を受けられるかどうかを判定しないうちに、男性に獲得されてしまうことになります。

つまり、女性に与えられた最後の切り札である選択権（セックスの相手を女性が選ぶという選択権）を相手に譲ってしまうことになります。これは女性が男性から投資されることを放棄するようなもので、安売り状態であるといわざるをえません。ましてや、簡単にエッチまで許してしまうようでは、持ってけ泥棒、大バーゲンセールになってしまうのです。人は高級ブランド品よりもバーゲンセール品を大切にしないので、結果、すぐに飽きられ、遊ばれただけで終わります。

女性から告白するような恋愛は高望みである場合が多く、一時的につき合えたとしても〝都合のいい女〟止まりである危険性が高いといえます。

では、男性からの告白なら安心できるか？　というとそうでもないのです。男性は目の前の女性とエッチしたいと思うと、普段ならあまり好きでもないのに好きになって惚れ込むというズル賢い戦略を使ってきます。戦略といっても本人が意識して使っているわけではなく、「エッチできそう」イコール「惚れる」というシステムが遺伝子レベルで組み込まれているので無意識です。意識していないだけに女性はこの戦略をなかなか見破ることができません。

では、惚れ込むとどういう態度をとるのでしょう? 劣位なフリ(俺のほうが君に惚れているという姿勢)をして、女性を口説くことになります。実際は自分のほうが魅力レベルがはるかに上なのに、同じか、もしくは下のフリをするのです。ですから男性から告白してきたからといって、女性が優位な証拠にはなりません。

ましてや女性からの告白が成功する確率は、それよりも低いことはおわかりでしょう。ただし、何をもってして成功とみなすかで、成功率は変わってくることはいうまでもありません。たとえ都合のいいセックスフレンドにされたとしても、彼とベッドインすることを成功とみなすなら、女性はどんな場合でもほぼ成功することができます。これが恋愛のマジックです。

周りから見れば不幸癖がついている女性でも、思い込みによっては成功し続けているように考えることもできます。一度セックスをして、すぐに男性をふってしまうような女性はまさにこのパターンです。相手をすぐにふってしまえば〝都合のいい女〟にされてしまうことがないので、自分のプライドを保つことができ、自分がまるで勝ち組にいるような錯覚をいつまでも抱き続けることができるのです。

男に告白させる秘訣

では、片想いをしてしまった女性は、いったいどうすればいいのでしょうか？

その場合、まずは男性から告白させることを考えましょう。つまり、自分が好きなことをそれとなくほのめかし、意識させます。ただし、男性は女性ほど敏感ではないので、女性が思っているよりも多少、大げさにアピールすることが重要です。それでも気づかないようなら、それは気づかないのではなく、気づかないフリをしていると思ったほうがいいでしょう。そして男性がなんらかの興味を示し、誘ってきたら脈ありです。徐々にセックスアピールと従順さという女性の魅力をちらつかせれば、男性のほうから告白してきます。

しかし、それでも何も言ってこないような場合は要注意です。相当な上級者で、自分が優位な立場になるように計算しているはずです。そのような場合には遊ばれて終わる危険性が大となります。もしくは、まったくその気がないということですから潔く諦めたほうが賢明でしょう。ただし、女性経験があまりなく、年齢が若い男性の場合はふられる危険性を考えて、何も言ってこないこともあります。その場合のみ、女性から告白するのもひとつの手です。

そして何よりも重要なのは、いくら好きでも、ときめきに押し流されて簡単にエッチを許してしまわないことです。男性にとってエッチとは、最大の報酬であり、女性にとっては最後の切り札だからです。人間は苦労して手に入れたものほど、長く執着し、愛情を注ぎます。ずっと欲しくてバイトして買った靴は、おまけでもらった靴よりも大切にするはずです。ですから簡単にエッチを許してしまえば軽く見られて飽きられるのも早いのです。そしてエッチを許してしまった後では、もう切り札はないのですから、後悔しても手遅れです。

このように女性の片想い、女性からの告白は、人間の本能と市場原理に反したことで、非常にリスクが高いということを頭に入れておいてください。

「俺は浮気しない」という男を信じていいのか？

男性はつき合う前にかならずといっていいほど、「自分は浮気はしない」「一途で誠実な男である」ということを、直接的にも遠回しにもアピールします。たとえば、浮気をしている他の男性を非難したり、セックスに対してあまり興味がないフリをしたり、「君を裏切るようなことはしないよ」ということを必死にアピールします。

しかし、これが真実かどうかは難しいところです。なぜなら「より多くのところにより多くの種をまく」という男性の本能上、浮気をしたくないということはありえないからです。確かに、実際に浮気をしない男性も多くいますが、しないようにがんばっていたり、したくてもできないのであって、まったく浮気をしたくないわけではないのです。

たとえるとこれは「俺は嘘をつかない人間だ」と宣言することに似ています。というのも、人間は誰もが、できるなら嘘をつくことなく生きたいと思っています。しかし、それでもなお、嘘をついたことのない人間は一人もいませんし、今まで嘘を一度もついたことがない人でさえ、今後も一生嘘をつかないとはかぎらないからです。ですから「嘘をつかない」という宣言は誇張であることが誰にでもわかるため、これを宣言した人は逆に信用がないと判断されてしまいます。同様に「浮気をしない」と宣言することは「ちょっと大げさな誇大アピールである」といえるのです。

そもそも、なぜ人間は嘘をつくのでしょうか?

じつは、恋愛における嘘とは、相手が望むものをたくさん自分が持っていることをアピールすることから始まります。望まれるものをたくさん持っているということは、それだけ魅力的になるということで、恋愛において有利になるわけです。つまりその求められるものがわかれば、自ずと嘘も見えてくるわけです。しかし男性と女性では望むもの、求められるものに大きな違いがあるので、当然、嘘の傾向にも差が出てきます。

男性の場合、女性に求められるのは資質であるということは前にも述べました。資質とは、いわば子供を立派に育てるための能力で、経済力、社会的地位、将来性、優位性などです。お金は生活のために絶対になくてはならないものだし、社会的地位が高ければ世界大不況、戦争などの不慮の出来事が起こっても生き抜くことができます。

ですから、男性がつく嘘とは次のようなものになります。高そうなお店に連れていって、自分がいつもそこに行っている常連客であるかのように振る舞う。ローンで無理して買ってでも高い車を乗り回す。将来成功したらすごいことになるといった大きな夢を語る。昔ケンカしたなどの武勇伝を大げさに語る。「昔こんないい女とつき合っていたんだ」とか、「何十人の女性とやった」とか、過去の女性関係について聞きたくもないことを言い出す。仕事で上司や部下に信頼が厚いとか、頼りにされていること、仕事ができることをアピールする。スポーツで全国大会に出たとか、本当は補欠だったのにそれは言わずに熱く語る……。

男性のつく嘘はこのような単純に自慢や誇張である場合がほとんどです。もっとも、それが女性に対して本当に効果的かどうかは別として、実際、男性は気に入った女性の前では自慢話を多くすることがわかっています。

「俺は～」「僕が～」「自分の～」と、一人称単数の言葉を多用して、あからさまにでも、さりげなくでも自慢話をするのです。これは自分の能力が高いことをアピールする目的があります。ですから会話の中に男性が一人称単数を多く用いるようなら、本気かどうかは別として、あなたに気がある証拠といえます。

浮気をしないかどうかは周りが決めること

さらにもっと上級者の男性は、これらの資質をたくさん持っていることをアピールするのに余裕を使います。つまり、車も1台ならば無理してなんとか買えますが、2台3台と買うのは余裕があることを意味します。3足1000円の靴下でいいのに、ブランド物の靴下を履くことも余裕です。このように余裕とは贅沢であり、直接生きることに関係ないものに労力や財産を注ぎ込むことができる人ほど余裕があるわけです。ラーメン1杯食べるためだけに飛行機に乗ったり、趣味の野球を見るためだけに海外まで行ったりするのも余裕なわけで、これはある程度、本当に多くの資質がなければできないことです。ここに女性は惹かれるわけですが、そのような男性は他の女性にも同じことをするだけの余裕があるわけで、その点が落とし穴です。

そして男性の嘘にはもうひとつ大きな特徴があります。それは、誠意、信頼性の嘘です。せっかく資質をたくさん持っていても、浮気者ではそれを分散してしまいます。年収が1000万円の人でも、二股をかけられれば資質は半分に減ってしまい、「だったら年収500万円でも誠実で一途な人のほうがいいじゃない」ということになってしまうのです。

ですから女性は、その男性が持っている資質を一人占めするために誠意を求めるわけで、だからこそ男性も、誠意を必死にアピールするようになります。男性は女性獲得競争で普通に戦うと年収の多い男性に太刀打ちできませんが、誠意を見せることで浮気者の男性よりも多くの投資ができることをアピールすれば、場合によっては競争で勝てるのです。ただし、ステータスがあって浮気者の男性でさえ「俺は浮気をする」と宣言することはありません。ですから、そのような男性を相手に競争するためには「俺は絶対に浮気をしない」と大げさに宣言する方法しかないわけです。

女性は浮気しない男性を探しています。しかし、モテるということはすなわち浮気の機会が多いことであり、本当に浮気をしない男を見つけるためには、魅力が低く、浮気ができない男を探すことになってしまいます。そして魅力の低い男性ほど実際に浮気の可能性が低いはずですから、簡単に「俺は浮気をしない」と宣言することができます。モテてモテて仕方ない男性が「浮気をしない」宣言を出すのとは重みが違うのです。これらのことを総合的に考えると、以下のことがいえるでしょう。

（1）「浮気をしない」宣言はモテない男ほどたやすく言う傾向がある
（2）モテる男に勝つためのスタンドプレーである
（3）そう宣言する男性も万一モテるようになると言わなくなる
（4）「浮気をしない」は宣言するものではなく周りが認めるべきことである

このように考えると、浮気をしないと宣言することはなんだか格好が悪い気がしませんか？　明らかに女性にモテようとする意志が含まれていて、モテる男性に対抗するための負け惜しみにも聞こえてしまいます。恐らく、本当に浮気をする機会が少ないだろう男性がこのように宣言しても言葉に重みが感じられません。かけっこで1等を絶対にとれない男の子が、俺は1等をとろうとも思わないと宣言するようなものです。したがって誇大なアピールととられても仕方ないのです。嘘つきとまではいわないものの、少し情けない宣言といえるでしょう。

なぜ女性は化粧をするのか

では、一方の女性はどんな嘘をつくのでしょうか？　これも男性が女性に望むもの、求めているものを考えればわかります。女性が最も望まれるものとはセックスアピールなわけですから、女の嘘は当然、セックスアピールに関するものになります。

しかも、より若く美しいことが男性に対する最大のセックスアピールになります。化粧をする、胸にパッドを入れる、ダイエットをする、オシャレをする、香水をつける、高級な下着をつけるなども、嘘とまではいえなくても、セックスアピールの誇張です。肌を若く見せるためのファンデーションも小さな嘘であるし、ましてや美容整形は完全なる嘘です。

しかし女性の嘘の本質はここから先にあります。いくらセックスアピールに富んでいても、実際にエッチできる、つき合える、といった期待感がないと〝絵に描いたもち〟（食べられない）ということになってしまい、男性は興味を示さずに、女性も投資を受けることができなくなってしまいます。ですから女性はセックスアピールがあるということと、そのセックスアピールをいかに現実味があるものに思わせ期待感を高めるかという嘘をつくわけです。

「彼氏がいない」「好きな人もいない」「彼氏とうまくいってない」などといった嘘は、男性にライバルの存在がないことをアピールし、警戒心を解き、期待感を高めます。おしとやか、純情、素直、かわいいなどの印象を抱かせるように振る舞うのは、従順さと貞淑さのアピールで、「誘っても断られない」「がんばればＯＫしてもらえる」「うまくいけばエッチできる」という期待感を作ります。

男性は、「私はあなたのものよ」という態度を示されると、それだけで性格がいいと思ってしまうのです。ホントはインスタントラーメンしか作れなくても、「料理が得意」なんて言ったり、自分の部屋でさえ汚いのに「掃除洗濯が好き」と言うのも、家庭的であることの誇大アピールです。じつは女性がつく嘘の大半はこの期待感を煽《あお》るための嘘であり、男性はこの嘘に翻弄されてしまいます。

しかも女性は、断るときにも60％肯定のサインを出しながら断るといわれています。イヤな男からの誘いでも「今日は無理だけど、また今度ぜひ」なんて言ったり、電話番号は教えても、かかってくると出なかったり、まったく恋愛感情はなくても、メールの最後にハートマークをいっぱい付けたりするのも、男性の期待感を煽りつつも遠回しに断るテクニックです。

これが男性には一番理解しづらい部分で、「またぜひ」ってことは、「また誘ったらOKってことだよな」「俺のこと嫌いってわけじゃないんだよな」と、うまく乗せられてその気にさせられてしまうわけです。ただし、調子に乗ってこんな嘘をつきまくっていると、男性にいずれ気づかれ、「詐欺だ」「ネコババだ」と非難されますので要注意です。

男女間の友情は成立するか

「男と女の友情はあると思いますか？」という質問をすると、おもしろいことに、男性と女性では大きく答えが違ってきます。ここでいう友情とは、純然たるお友だち関係で、お互いにいっさいの恋愛感情はないという意味に限定します。多くの男性が「ない」と答えるのに対して、多くの女性は「ある」と答えるのです。

じつは、この答えの差には、男女の発情しやすさの違いが関係しています。男性の場合、テストステロンによって簡単に発情するので、「愛情はなくとも体だけの関係ならばOK」というケースになりやすく、いくらお友だちでも、相手さえその気ならばいつでもセックスに移行できるのです。ですから純粋なお友だちという関係は非常に成立しづらいといえます。もちろん、友だちの彼女とか、仕事上のつき合いとか、利害関係があるなどの障害がある場合は簡単にエッチするわけにはいきませんが、風俗でお金を払ってまで初対面の女性とエッチできる男性にとって、顔見知りの友だちの女性とエッチすることなど、水が高いところから低いところに落ちるくらいに自然なことです。

ところが、女性の場合はそう簡単ではありません。男性と違って発情しにくいのですから、「人間的にはいい人だけど、エッチするかどうかは別」という発想が十分にありうるのです。ここに男女の大きな誤解が生まれます。男性にすれば、彼女の男友だちが自分と同じく発情しやすい生き物であることを知っているために、当然警戒しますし、女性の発想も理解しづらいので彼女も発情しやすいと思ってしまい、男友だちを非常に嫌がります。ですから、いくら「ただのお友だちなの」と女性が言ってても理解されないことになるわけです。

男は女に対して「友情」を感じない

実際、女性が本当にただの友だちだと思っていても、男性はそうは思っていないケースがほとんどで、これが男女の友情が成立しないといわれる理由です。隙あらば、あわよくば、と男性は思っていると考えたほうがいいでしょう。

では、今現在あなたがお友だちだと思っている関係はどう説明されるのでしょうか？「あなたはとってもいい人」「すごく大切な人」「一生、いい関係でいたいね」「大好きなお友だち」こんな言葉を男性に対して使ったことはありませんか？これは女性も自分自身で気づいていない、もしくは気づいていないフリをしている場合が多いのですが、期待感を抱かせて男友だちを翻弄していることなのです。

本命の彼氏が忙しいときや暇で退屈なときに遊んでくれる。寂しいときに電話につき合ってくれる。彼氏ともめたら相談に乗ってくれる。たまに食事もおごってくれる。誕生日にはプレゼントをくれる。でも、エッチしたり、恋愛感情のもつれでケンカすることもない。そして今の彼氏と別れたり、将来的にもしかしたら彼氏になる可能性もある保険キープとしての役割も果たすので、非常に都合がいい関係、いいとこ取りなわけです。

しかし、マイナスの面もあります。男性が恋愛感情をもって接してきたり、女性を意識してエッチを求められたりした場合です。すると女性は、受け入れるか拒否するかの選択を迫られてしまいます。どっちつかずであやふやな関係を続けるのは非常に苦労します。ですから女性は、そんな素振りを感じた時点で、「あなたはただのお友だち」「いい人」「一生つき合っていきたい大切な人」「好きな人ができたかも」などの表現で、一線を踏み越えて来ないようにバリアを張ります。「こっからは入らないでね」ってサインを出すわけです。

そのバリアに気づかずに突っ込んでくる男性はお友だちではいられなくなってしまい、それでもわずかな期待感だけで微妙な距離を保てる男性のみ、お友だちとしてその関係を維持していきます。逆に、まったくその気がないということをあからさまにアピールしてしまうと、男性は離れて行ってしまうので、うまく期待感を見せつつも、ある一線を越えないように、微妙な駆け引きをするわけです。

このように、友だちという言葉は男女両者にとって大変都合よくできていることがわかります。男性にとっては、「友だち」と宣言することで女性をキープすることができる、高嶺の花的女性に近づける、彼氏がいる女性にも近寄れる、自分に彼女がいても近寄れるというメリットがあり、また女性にとっても、男性から食事やプレゼントや便宜を図ってもらえる、モテる男性に近づける、彼女のいる男性に近づけるなどのメリットがあります。お互いに都合がいいからこそ、絶対に恋愛感情に発展しない可能性のない友だち関係など存在しないのに、「男女に友情がある」と信じ続けることになります。

ここまで説明してもまだ納得できない方のために、決定的な例を挙げましょう。

18歳の女性（女子大生）と60歳の男性（芸術家）の友だち関係はありえますね？実際に若い子が好きな男性は、60歳になろうとも若い女の子と友だち関係を作り、食事をおごってあげたり、誕生日にプレゼントを贈ったりということも日常茶飯事に行います。ではその逆を考えてみてください。18歳の男の子と60歳の女性の友だち関係は成立するでしょうか？　仕事上の利益などの特別な利害関係がないかぎり、成立しません。また、30歳の男性と8歳の女の子との友だち関係が成立しますか？　30歳女性と10歳の男の子との友だち関係はどうですか？　めったなことでは成立しませんよね。

じつは、これらの例にはある法則が隠されているのです。妊娠できる年齢パターンかそうでないかということです。18歳の女性と60歳の男性のパターンのみが妊娠できるパターンです。この場合、友だち関係が成立し、他の妊娠できない年齢パターンでは友だち関係が成立しにくいということです。妊娠、つまりセックスという生殖戦略が、友だち関係にしっかり関わっていることの確かな証拠なのです。男性は妊娠させることができない女性にまったく興味がなく、友だちにもならないということがよくわかると思います。

このように友だち関係といっても、男性は「あわよくばエッチ」と考えているものです。「この人は大丈夫」「ただのお友だち」「自分も恋愛感情がないから相手もない」なんて変になめてかかると、とんでもないトラブルに巻き込まれて、大切なお友だちを失うことになるでしょう。

女は根っから駆け引き上手？

昔から、恋愛は男性がリードするもので、女性がついていくというのが当たり前のようにいわれてきました。「引っ張っていってほしい」「ついていきたい」なんて言う男性は間違いなくモテません。確かに男性からのアプローチや告白で恋が始まるケースは圧倒的に多いのですが、じつは、恋愛の主導権は女性が握っている場合がほとんどなのです。

バーにおとりの美しい女性を一人置き、女性がどのようなしぐさをすると「男性が声をかけてくるのか」を、心理学者ウォルシュとヒューイットが実験しました。その調査によると、女性が男性に繰り返し視線を合わせたり、にっこり微笑むというような行動をとった場合に声をかけてくる率がアップしました。ちなみに何もしなかった場合は一人も声をかけてくることはなかったという結果でした。

これは、一見当たり前のように思いますが、じつは女性が目を合わせたり、にっこりと微笑むことによって、男性の期待感がアップし、「声をかけてみようかな」という気持ちにさせることを示しています。ですから男性は脈のない人にむやみに突進するのではなく、女性がアプローチのきっかけを作っているからこそ、アプローチ行動を起こすのです。

ここでも女性が作る期待感に男性は翻弄されていることがわかります。つまり恋の主導権を握っているのはじつは女性のほうで、男性が声をかける場合においても女性が恋愛のきっかけ作りをしているといえるのです。ですから女性はこの期待感をうまく使い分けることが、男性から誘われやすくし、恋の進展を早めることになります。

たとえば、男性から「今度映画見に行こうよ」と言われた場合、女性は「うん、いいよ、何見る?」と答えれば、男性は次のアプローチに進めます。「じゃあ、恋愛ものにしようよ」「いいね、いつにする?」と話はとんとん拍子に盛り上がっていきます。ですから女性は相手からのアプローチに対して、つねにそれ以上の期待感を抱かせるリアクションをしなければ恋は発展していきません。

逆に、「今、おもしろい映画ないよ」と答えてしまえば、よほど強引で勘違いした男しか先には進めません。「じゃあ他にしたいことある?」「べつに」となってしまえば、男性は撤退せざるをえなくなります。

しかし、実際はここで、女性が緻密な駆け引きをする場合があります。自分の気持ちがハッキリと決まっていない場合や、自分も相手に好意があることを隠そうとする場合です。すると、期待感が高いリアクションと期待感を下げるようなリアクションが交互に繰り返され、男性は混乱してしまうのです。

男「今度映画見に行こうよ」
女「うん、いいよ、何見る?」（期待感上げる）
男「じゃあ、恋愛ものにしようよ」

女「いいね、それ見たかったの」（期待感上げる）
男「じゃあ、今度の日曜日なんてどう？」
女「う～ん、今週は忙しいから、ちょっと無理かも」（期待感下げる）
男「そっか、じゃあ来週は？」
女「友だちと約束があって、ごめんね」（期待感下げる）
男「じゃあ、しばらく無理だね」
女「あ、でも、来月になれば暇になるから」（期待感上げる）
男「ホント⁉　じゃあ楽しみにしてるよ」

というように、中途半端なやりとりが続き、やがていいお友だちになってしまうのです。これがいわゆる友だち止まりの恋であり、女性は恋愛にまで発展させようと思うならば、男性に次のアプローチをしやすくさせるような、期待感の高いリアクションを心がけるべきです。

もちろん、魔性の女といわれるような駆け引きのプロは、わざと中途半端なリアクションを繰り返し男性を翻弄しますが、一般の方は真似しないほうが賢明です。
「下手な駆け引き休むに似たり」といって、下手な駆け引きをするよりも、素直なリアクションを続けることが、じつは恋愛がうまくいったりするのです。とくに恋愛経験が少ない女性や、幼い女性は、どうしても恥ずかしいと思ったり、どうしていいかわからずに、せっかくのチャンスを逃したり、なぜかお友だちで終わってしまうということが多いようです。恋は女性がリードするということを肝に銘じておけば、うまくいくはずだった恋愛をみすみす取り逃がすようなことはなくなるでしょう。

ただし、期待感の出しすぎは、相手に都合よく扱われる可能性を高くすることはいうまでもありません。

CHAPTER 6 *

フェロモンの秘密

あふれる色気で、次々と異性を虜にしてしまう人を、フェロモン系と呼びます。確かに魅力的ではあるけれど、「そんなにモテるのはおかしいでしょう」と思うくらいの不思議な女性もいます。

フェロモンは異性を惹きつける惚れ薬のような、不思議な物質のように思われていますが、実際は特別なものでも何でもなく、じつは誰もが今からでも十分に身につけられるものなのです。この章では、そんなフェロモンの正体を解き明かし、みなさんもフェロモン系と呼ばれるようになれる極意を公開します。

フェロモンってホントにあるの？

フェロモンという言葉はよく使われていますが、実際にそれが何であるかをわかっている方は少ないようです。「色気？」「匂い？」などと答える方が多いように、何か身体の中から沸き出てくるような、不思議な物質だと思われているようです。

じつはフェロモンとは、ＤＨＥＡ（デヒドロエピアンドロゲン）という性ホルモンなのです。これは女性ホルモンの母と呼ばれており、このホルモンが合成されて、さらに各種の女性ホルモンへと作り替えられていきます。ＤＨＥＡは性欲を担うことも証明されており、女性には欠かせないホルモンですが、このホルモンが分解されて汗やおしっことして放出されたものがフェロモンの正体のようです。

フェロモンは無味無臭ですが、動物を発情させる効果があることは間違いのない事実です。そして不思議なことに、人間をも発情させる効果があるといわれています。たとえば、その現象のひとつに「女性の生理はうつる」というものがあります。ずっと一緒にいるような女性同士（たとえば寮生など）では生理周期が同調することが知られています。これはＤＨＥＡが近くにいる女性を発情させ、そのおかげで排卵日が一致してしまうためだと考えられています。もちろん本人は意識していませんし、発情しているという感覚もありません。２人、３人と生理が同調すると、やがてはフェロモンの放出周期も同調しだし、やがては女性全員の生理日が近づいていくのです。

当然、フェロモンは男性を発情させる効果もあるはずなので、これを利用して男性を虜にしたいと考えているのは、なにもあなた一人だけではありません。すでに豚などの家畜を利用してこのフェロモンが合成され、香水などに混ぜられて売られています。

ですから、エッチの前にシャワーを浴びてフェロモンを洗い流すのは損かもしれません。実際にシャワーを浴びる前のエッチのほうが刺激的で興奮したという経験をした方は多いと思います。フェロモンはまだ完全に解明されていませんが、発情させる効果があるということは感覚的にわかっているようです。

さて、実力以上にモテる女性は確かに存在します。「私のほうがどう見たってかわいいのに、どうしてあの子のほうがモテるの?」そんな悔しい思いを経験したことがある方は多いでしょう。そんな子はフェロモンが多く分泌されているのでしょうか?

いいえ、そうではありません。人間は他の動物と違って、大脳皮質という部分がとても発達していて、フェロモンなどなくても年中発情しているし、ましてや男性はちょっとエッチな雑誌を見るだけで、フェロモンなどなくても十分に発情します。つまり、男性は実際のフェロモンよりも音や視覚などで大脳を刺激してやったほうがよっぽど効果的なのです。逆にいうと匂いであるフェロモンはそれほど効果的ではなく、態度やポーズ、声などのほうがフェロモンになりうるのです。ここではそんな人間独特の態度で示すフェロモンについて述べたいと思います。

男が感じるフェロモンとは？

自分を実力以上に魅力的に見せる仕組みを知るために、まずは女性のフェロモンの三大要素を定義します。

①セクシーさ
②期待感
③高級感

恋愛科学ではこの３つをフェロモンの三大要素とし、この３つの織りなすハーモニー、バランスを考えていきたいと思います。

①のセクシーさとは、何度も繰り返し述べましたが、セックスアピールのことです。顔がかわいい、スタイルがいいなどのセクシーさは生まれ持った実力でほぼ決定されてしまいますが、声がエッチ、しぐさがセクシー、スカートが短い、下着がエッチ、胸にパッドを入れる、肌を若くつややかに見せるなどは、努力次第でどうにかできるものです。これらが男性に「セックスしたい」と思わせる要素であり、視覚や聴覚を使ったフェロモンであることは明らかです。

ところが、いかにセクシーであっても男性は絶対に手に入らない女性に発情しまくるほどバカではありません。逆に少しくらいセクシーさに欠けていても「実際に手に入りそう」「イケるんじゃないの？」と男性に期待させると相手は発情してくれます。これが②の期待感というフェロモンで、魅力アップのために不可欠です。俗にいう「思わせぶり」とも言い換えられます。従順そうな振る舞いは、「誘っても断られないだろう」という安心感を男性に与え、ブリッコすることは純情さをイメージさせ、自分に気があると男性に勘違いさせます。下ネタにも退かないノリのよさ、軽さは、その女性の性に対する成熟度を表し、「その気になればエッチさせてもらえるんじゃないか」という男性のスケベ心をくすぐります。

このように、手を伸ばせば手に入れられるというイメージを男性に抱かせることが期待感です。「なんか男性に媚びを売ってるみたいでイヤ」というプライドの高い女性も多いと思います。ですが、期待感とはまさに媚びを売ることなのです。どんなに「私は媚びなんか売らない」と思っている方も、実際は多かれ少なかれ媚びを売らなければ男性にはチヤホヤされないのです。ですから①のセクシーさと②の期待感が揃って初めて自分の実力以上に男性にチヤホヤされるわけです。

しかしこれだけでは、チヤホヤされているというだけで遊び半分、体だけが目的という場合がほとんどです。要するに「ただやりたいだけ」の男の格好の餌食になってしまいます。そうではなく、本命として愛されるためには③の高級感がどうしても必要なのです。

高級感とは、②の期待感と矛盾しますが、なかなか手に入らない貴重さ、プレミアさです。簡単には手に入らない、だからこそ手に入れた場合には大きな価値を生む。その辺に簡単に落ちている石ころではなく、同じものはめったに見つからないといった稀少価値。それを持っているだけで周囲から一目置かれるというようなブランド的付加価値です。だからといって絶対に手に入らないわけではなく、努力すれば手に入る可能性もあるくらいに貴重なもの、それが高級感です。

非常にややこしく難しいのですが、みなさんの大好きなブランドをイメージしていただければわかりやすいと思います。品質、デザインも優れているので値段が高い＝高級感があり、新作、限定品、人気の物は品数も少ない＝稀少価値もあります。持っているだけで羨ましがられたり、注目を浴びる＝ブランド性があります。しかも一生働いても絶対に無理というほど高くなく、実際にほとんどの女性が買ったりもらったりして持っています。

具体的には、簡単にはエッチさせない、安売りしない、軽くない、パンツや下着が見えていたら恥ずかしがる＝貞操観念がしっかりしている。タレント、モデル、スッチー、レースクイーンなど、職業的に男性が好む人気の付加価値がある。品がよい、育ちがよい、頭がよい、気が利くなど、お嬢様的付加価値です。

みなさんもよくご存じのように、ブランド品は大っぴらにバーゲンセールをしません。なぜならばバーゲンセールをしてしまうと、お買い得感は上がっても高級感を失い、逆にブランドイメージを落とすからです。ですからこのような高級感という要素がなければ、いくらセクシーさと期待感があっても、ただ安っぽい女と軽く見られて恋は短命に終わります。本命として愛される女性と、ただ遊ばれてしまう女性の差はここにあります。

逆に高級感が強すぎて、期待感がなければ、男性は敬遠して寄って来ません。

つまりフェロモンとは、このセクシーさ、期待感、高級感という3つの要素すべてが微妙に関係し合って作り出すイメージ、雰囲気であり、この3つの要素のバランスによって自分の実力以上の効果を引き出すことができるのです。

魔性の女になる秘訣

フェロモンが作り出せるものならば、ぜひ身につけたいとは思っても、「そんな期待感と高級感なんて正反対なものを両方出すなんて無理よ」と思われた方も多いでしょう。ですがフェロモンとは、まさにこの、相反するもの、矛盾するものを併せ持つことで生まれます。この矛盾を成立させることで、初めて自分の実力以上の魅力を引き出せるのです。この矛盾をアンビバレンツといいますが、両極端な部分を同時に見せることで素晴らしい部分がより強調されて見えるのです。

ですから高級感と期待感を併せ持つことがフェロモン系と呼ばれるポイントで、これをほとんど無意識のうちにやってのける女性を魔性系といいます。

たとえば男性でも、いつも男らしく頼りがいのある彼が、ふと弱気な姿を見せたり、いつも明るくおもしろい彼が、ふと寂しそうな表情をしたとき、胸がキュンとなったことはありませんか？　これがアンビバレンツなのです。別名コントラスト効果ともいいますが、光があるから陰があるように、相反するものを持ち合わせることで一方の魅力がより引き立つわけです。

これは難しいことでもなんでもなく、みなさんがよく経験していることです。一見遊んでいそうな雰囲気の人がじつはまじめだったり、派手でチャラチャラした女性が、じつは料理が得意で家庭的な一面を持っていたなどといった場合、「意外にまじめなんだ」「意外に家庭的なんだ」と好感度がアップするように、日常でもよくあることです。また、どうして巨乳のロリータフェイスのアイドルが人気があるのかというと、巨乳がセクシー、成熟しているというイメージなのに対し、ロリ顔が従順さ、幼さのイメージを作り出し、見事なコントラスト効果を発揮しているからです。つまり身体は大人で、中身は子ども、そんなアンバランスさが大きな魅力になるわけです。

さらに、第一印象についても同じことがいえます。誰もが第一印象をよくしようと、気合いを入れて自分を演出する傾向があります。「かわいく見られたい」「いい人に思われたい」など、無理をして自分を作るのです。

確かに第一印象をよくすることに越したことはありませんが、あまり自分を偽ると大きなツケが回ってきます。たとえば、人当たりがすごくよく、好感度が高いA君と、無愛想で人づき合いが苦手なB君がいたとします。ところが、A君の悪い噂を耳にしました。どうやら彼はあなたの友人をもてあそんだらしいのです。「え〜、A君ていい人だと思っていたのにショック！」と、あなたのA君に対する好感度は一気に下がるはずです。

逆にB君は人見知りが激しいだけで、話してみると意外におもしろい人だったりすると、「へえ、B君て、ああ見えてじつはおもしろい人なんだ」とB君の好感度は一気に上がるのです。

このように、人は相反するイメージを目の当たりにすると、後から受けた印象のほうが強まるという性質があります。ですから、「合コンにも行ったことがないんですぅ」なんて言ってたのに、クラブで男といるところを見られたり、従順そうに見えてじつは遊んでた、なんてことがバレると大変なマイナスイメージになりますのでご注意を。最初こそマイペース、普段から嘘をつかなくてもいいように生きることが大切です。

あなたに足りないフェロモンは？

フェロモンとは3つの要素のバランスで、イメージが大切だということがおわかりいただけたと思いますが、イメージとはあくまでも相手が思うことなので、自分がセクシーか、期待感を出せているのか、高級感があるのかを客観的に判断することは難しいでしょう。

そこで、この3つの項目別にそれぞれのポイントの高さをチェックできる質問を作ってみました。次の質問にイエス、ノーで答えていくだけで、フェロモンの三大要素のうち、あなたに何が足りないのかがわかります。

〈フェロモンチェックテスト〉

●セクシーさをみる問題

1 スタイルがいいとよくいわれる
2 中高生時代、実際よりも大人っぽく見られた
3 ブラジャーのヒモくらいなら見えても仕方ないと思う
4 正直いって、自分はルックス的に恵まれているほうだと思う
5 彼に「一緒にお風呂に入ろう」と言われたら断る

●期待感をみる問題

1 下ネタにもまったく嫌がらずに対応できる
2 人と話すとき、人の目をジッと見てしまう
3 たとえ不倫でも魅力的な人ならかまわないと思う
4 好きではない男性からの誘いでもそれとなくうまくかわすことができる
5 男性から、「頭が悪そう」とか「バカっぽい」とよくいわれる

●高級感をみる問題

1 エッチしても男性に激しくのめり込むことはない
2 下着にはかなりお金をかけている
3 第一印象は「冷たい」とか「きつそう」と思われることが多い
4 男性に自分から話しかけるのは苦手だ
5 たとえ顔見知りでも、携帯の番号、メールアドレスを簡単には教えない

各項目で、イエスと答えた項目を数えてください。イエスが1つにつき1ポイントです。どちらか迷うような場合は0・5ポイントとして計算してください。4ポイント以上ある場合、その項目の要素がかなり高いといえます。逆に2ポイント以下であれば、その項目が足りないということになります。どうですか？　あなたに足りないフェロモンの要素がおわかりいただけたでしょうか？

ただし、これはあくまでも目安で、セクシーさだけが5だったからといって、あなたが日本で一番のフェロモン女というわけではありません。じつは、フェロモンとはバランスであると述べたとおり、セクシーさ、期待感、高級感のバランスを計るための問題だったのです。

7つのフェロモンタイプ

使い捨て型

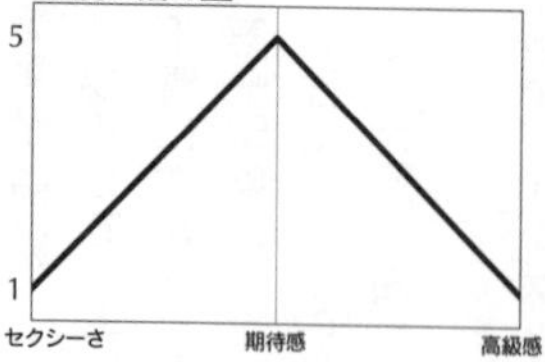

セカンド型

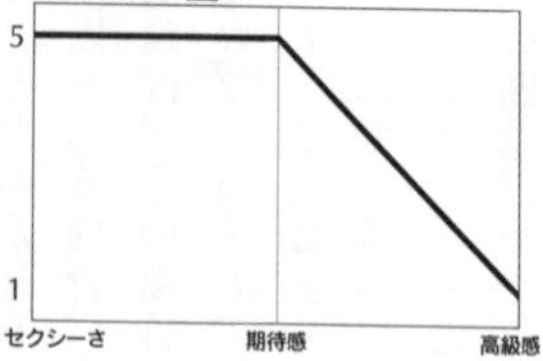

本命型

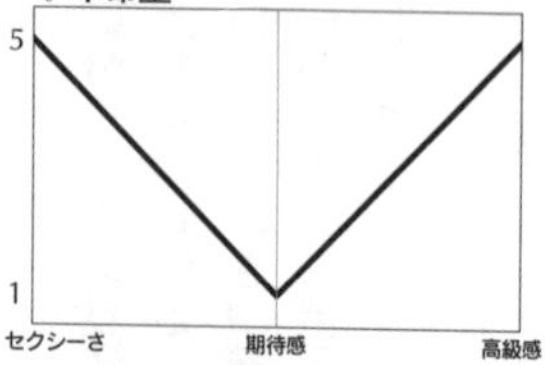

プライド型

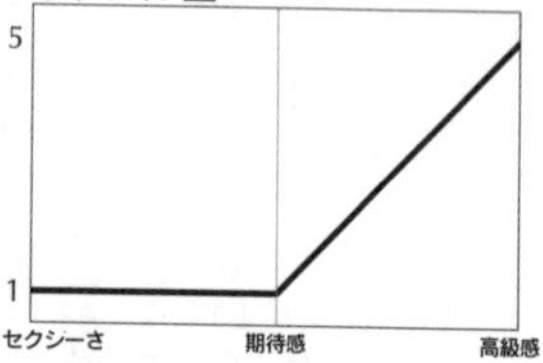

悪徳サギ型

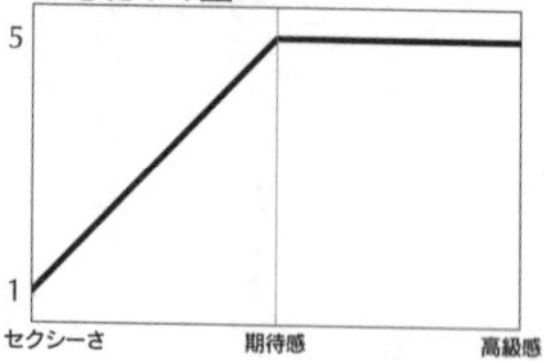

銀座のママ型

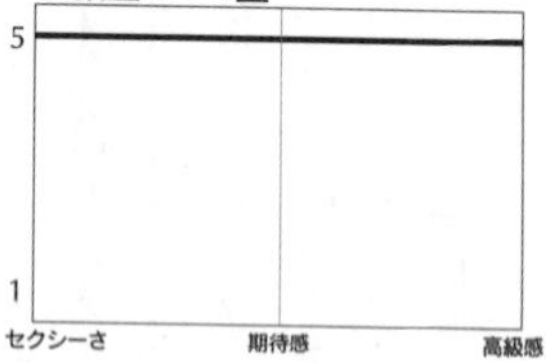

お子ちゃま型

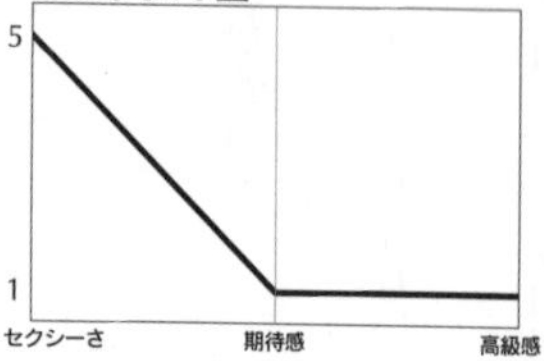

この3つの項目で得られたポイントをグラフにしてみましょう。たとえばセクシーさ2、期待感5、高級感2だった場合、グラフは山型ということになります。セクシーさ4、期待感1、高級感5だった場合、グラフは谷型ということになります。じつはこのグラフの形によってあなたのフェロモンタイプがわかるのです。さっそくそれぞれのグラフのタイプ別に、詳しくみていくことにしましょう。

●山型は「使い捨てフェロモン」

セクシーさと高級感が低く、期待感だけが高いという形なので、実力不足なのに思わせぶりな態度で男性に媚びを売る傾向があります。ただし、このタイプは男性に媚びを売っても女性からはあまり嫌われません。なぜならば、実力が低いのでいくら男性に媚びを売ってもライバルとは思われないからです。明るいキャラクターとして見られることが多いので、あまりあからさまに媚びを売っているようには見られず、同性の女性から警戒されにくいでしょう。

とくに、このタイプで照れ屋な人は、ギャグで本音をごまかす傾向にあります。女らしい部分や、ロマンチックなムードが苦手で、お笑い系と思われることが多く、自分で自分を落とすようなこともしばしばです。ですから誰からも好かれるお人好しである場合が多いようです。

しかし、恋愛においてはお手軽だけど、セクシーさが少なく、高級感がないので、理想の相手を見つけたと思っても、「遊ばれて1回きり」ということが多く、男性に軽く見られたり、バカにされたりすることが多いはずです。

時間はかかりますが、まずセクシーさのアップに努力し、高級感を身につけましょう。下品な下ネタや、自分を捨てたギャグは禁物です。それでも最初は男性に見向きもされず苦労しますが、逆にいうと期待感を抑えてもつき合えるような男性でないと、あなたには高望みの恋である可能性が大です。もしくは自分のことを大切に思ってくれるけどちょっと物足りないくらいの男性を大切にすることです。

●谷型は「本命フェロモン」

実力的にも申し分なく、男性が結婚相手や本命の彼女にしたいと思うタイプです。実力もあり、お手軽ではないので遊ばれにくいのですが、逆にいうと実力の割にはチヤホヤもされないといえます。期待感が低く高級感が高いので、男性からすると高嶺の花状態になってしまい、簡単にはアプローチできないのです。

今現在ラブラブか、本命一筋で行く覚悟がある方は今のままで十分といえますが、もうちょっと遊びたいと思っている方や、彼氏ができないと悩んでいる方は少し期待感を高めてあげることで、男性がアプローチしやすくなります。恥ずかしいとか、遊ばれまいと警戒しすぎずに、男性からの誘いをもう少し素直に受け止めましょう。男性からすると「どうせ彼氏がいるに決まっている」「俺には無理だな」と諦めてしまいがちなタイプです。

●右2つ上がりは「悪徳サギフェロモン」

本来、セクシーさが低いのに期待感も高級感も高いというのはありえない形です。考えられることは、わざとセクシーさを落としている場合です。これはセクシーさを低く見せることによって同性である女性を欺くためのテクニックです。ですから女性が多い職場、女子校などに多くみられるケースです。

あるいは、セクシーさが低いので、高級感を偽って高く見せている可能性も考えられます。この場合は男性を欺いていることになります。わざともったいつけたり、高慢な態度をとったり、見かけだけ高級なもので着飾ったりしています。ですから最も駆け引きが得意で悪質的なタイプであり、したたかな女性といえるでしょう。

●右2つ下がりは「お子ちゃまフェロモン」

セクシーさだけが高いということは、実力はあるのに駆け引きができないため、自分の実力以上の力を発揮できていないということになります。つまり非常に損をしています。

セクシーさは生まれ持った要素が強いので、それを持って生まれたことは非常に有利なことです。期待感と高級感は経験とともに高めることができるので、これからがんばって努力すれば向かうところ敵なしになります。年齢が低い、または精神が未成熟な女性に多くみられるタイプですから、恋愛経験を積むことで十分解決できます。

しかし、精神的に未熟であるぶん、高望みや、ときめきを追いかける傾向が強く、そうなると男を見る目がないということになってしまいます。恋愛経験を積むことも重要ですが、焦って変な男に引っかかるともったいないことになります。

●右1つ下がりは「セカンドフェロモン」

本命になれる実力は十分にあるのに、高級感がないために高く評価されずに軽く見られがちです。高望みや、チヤホヤされたいという意識が強すぎて、男性に媚びを売ってしまっているのです。若いころに遊びまくって「気づくと周りの友だちがみんな結婚していた」という女性に多いタイプです。

もっと自分に自信を持って、安売りしないようにすること、高望みしないことが重要です。セクシーさはあるので1回きりということは少ないのですが、男性からするとセカンドにはもってこいのタイプです。なぜならセクシーさがあるので1回きりではもったいなく、期待感が高いので簡単に口説けて、高級感がないので本命にするには物足りないからです。そうして遊ばれるたびに、「もっといい男、もっといい男」と、果てしなく高望みに発展する危険性が大です。

●右1つ上がりは「プライドフェロモン」

高級感が他に比べ高いというのは、セカンドフェロモンとは逆で、高く売りすぎて損をしているといえます。実力が伴っていないのに自意識過剰だったり、実力はあっても変なプライドが高すぎてチャンスを逃している場合が多いといえるでしょう。男性がナンパして来たときに、友だちよりも先に断るのがこのタイプの特徴です。

まじめで慎重なあなたは簡単に騙されるということは少ないのですが、男性が近寄り難い雰囲気を出してしまっていることが多いようです。べつに男性にチヤホヤされたくないという方は今のままで十分ですが、もう少し遊びたい、彼氏が欲しいという方は、プライドを捨て、高望みしないように気をつけながら、男性に対してつねに笑顔、そしてやや大げさなリアクションを心がけるといいでしょう。そうすることで期待感が高まって、男性にアプローチする隙を与えてあげることができます。

●全部の項目が高い「銀座のママフェロモン」

いわゆる魔性の女であり、男性はみんなあなたに振り回されます。水商売をするために生まれて来たような女性で、「男なんて単純よ」が口癖。クリスマス近辺に質屋に並んでいるのはたいていがこのタイプの女性です。ただし男性から恨みを買うことも多く、敵は多いといえます。周りの男性をみんな一人占めしてしまうので、女友だちも少なく、長くつき合える親友もできづらいでしょう。

本当に自分が好きになった相手は、レベルが超高い高望みになる危険性が高く、逆に振り回されるケースも多くなります。ですからフェロモン女だからといって幸せかというと、かならずしもそうではない場合もあります。

このタイプ別の特徴をすべて把握すれば、あなたが望む理想のタイプに自分を近づけることが可能になります。ただし、セクシーさは持って生まれたもの、つまり先天的な要素が強く、明日から急に変えられるものではありません。高級感もセクシーさと非常に密な関係にあります。ですが期待感だけは心がけひとつで自由に変えられるということを覚えておきましょう。自分に足りない項目を補って、バランスを変えられたならば、あなたに対する男性の対応はかならず変わってくるはずです。

同性に嫌われる女性はモテる？

女性同士の間では嫌われているのに、男性にはやたらチヤホヤされるという女性があなたの周りにもいると思います。「男の前でだけブリッコしてさ」「嘘ばっかり、ホントはそんな性格じゃないくせに」と、男性に媚びを売る女性は大変嫌がられます。

これは、期待感を極度に高めた場合に起こる弊害です。ですが、男性の多くはこの女性の嘘に気がつきません。むしろ喜んで鼻の下をのばし、そういう女性を好みます。だから女性は「男も男で、どうして裏表に気がつかないの？」「ホントに男ってどうしようもないわね」と怒るわけですが、これは男性の本能からして怒っても仕方のないことなので、むしろそれを利用したほうが賢いでしょう。

「でもそんなの卑怯だわ、許せない」と思われるでしょう。そうです、そのとおりなのです。つまり、女性にとって期待感を前面に出すことは卑怯なのです。これは抜け駆けといって、自分の実力以上の魅力を作り出し、競争に有利なようにライバルを出し抜くことになるからです。就職でいうならばコネ入社、受験ならば裏口入学のようなものです。

女性は本能的にこのように異性獲得において自分とライバルになるもの、卑怯な手で抜け駆けするものを極度に嫌う習性があります。しかも、誰もが認めるような完璧な美人であるならまだしも、自分とたいして変わらないレベルであったり、自分よりも下のレベルの女性であると、この抜け駆け感はいっそう強くなります。ですから期待感を極端に高くしてしまうと同性である女性から嫌われることになるのです。

逆に生まれつきものすごく美人であったり、高級感、セクシーさが高い女性が、この期待感までも高めてしまうと女性から目の敵にされ、いじめられたりします。つまり、ただでさえ羨ましがられやすく、妬まれやすいのに、火に油を注ぐようなもので、ますます女性たちからライバル視され警戒されるようになります。すると当然、人間関係がぎくしゃくしてストレスを感じるようになるので、これを避けるために生まれつき美人である女性は期待感をわざと下げるような冷たい行動を意識的にとるようになるのです。これは周りの女性たちの策略にまんまとはまってしまったわけです。

たとえば、メイクモデルやミスコンテストで優勝するような本当に目鼻立ちが整っているような美人の場合、次のような特徴があるケースが多いのです。男っぽいサバサバした性格に見せる、男性に興味がないようなイメージを作る、異常に子供っぽく振る舞う、わざと下品に振る舞う、などです。こうすることによって、女性たちからライバル視され、嫌われることを避けようとするのです。

さらにこのような女性は、ただでさえ魅力レベルが高いので、いろいろな男性からチヤホヤされ、アプローチを受けやすくなります。すると、そのすべてにいちいち対応しているのは大変面倒なことなので、アプローチを避けるために、取っつきにくく見せるような言動をとる傾向が強くなります。そうしないとうっとうしい勘違い男までもが言い寄ってきてしまうことになり、ますます女性から嫌われてしまうからです。

なんとも贅沢な悩みですが、これも人間の自己防衛手段のひとつなわけです。

ただ、気の毒なことに、これは周りの女性の策略にまんまとはまり、結局自分の魅力を下げていることにつながります。みなさんが想像しているよりも、女性同士のライバル意識は強烈で陰険です。あまり魅力的でないブスで気が強い女性は、気に入った男性と美人の接触をできるかぎり阻止し、そして美人が媚びを売って男性に近づかないように美女を攻撃します。

また、同性に好かれる女性の特徴をよく観察すると、そういう人たちにはある共通点があります。男に媚びを売らないという共通点です。そういう目でみると、女性が選ぶ「好きな女性タレント」の上位は男性にあまり媚びを売らない女性が多いことがわかると思います。逆に女性が選ぶ「嫌いな女性タレント」は、男性に媚びを売る女性が多いのです。

つまり、男に媚びを売らない女性にはごほうびとして仲よく親切に接してあげるわけです。これにより、女性はますます簡単に男性に媚びを売ることができなくなってしまいます。仲よくしてもらいたかったら、男に媚びを売るんじゃないよという脅しをかけられているのです。

まさに、同性に好かれる女性は、同性の策略にまんまとはめられている女性といい直すことができます。ですから期待感を意識的に上げることはなかなか難しいのです。期待感を上げたい場合は、同性の目に十分注意しておくことをお忘れなく！

CHAPTER 7 *

どうして愛は終わってしまうのか

出会いがあれば別れがある。この宇宙にも終わりがあるように、せっかく生まれた恋も、いずれはかならず終わりを迎えるときがくるのです。

しかし、終わらせなくてもいい恋を、若気の至りや、一時の感情で終わらせてしまうこともあります。それは新しい出会いへのチャンスでもあるし、取り返しのつかない過ちかもしれません。この章では、愛の終わりを科学することで、より長く素敵な恋を続けるための方法を探ります。

ときめきは続かない

「すごく大好きで、彼以外の人を愛することなんて考えられない」

「あなたなしでは生きていけないの」

なんて言っていたのに、別れた今も元気に生きているみなさん。別の彼氏とつき合って、すっかり昔の彼の名前も忘れているみなさん。べつにあなた方を責める気はありません。そのときはそう思ったんでしょうから、仕方ありません。ときめきとは人をそのような気持ちにさせるもので、ＰＥＡによるときめきがあるうちはそう思わないほうがおかしいというものです。

しかし、いったんときめきが冷めれば、「なんでそう思ったんだろう?」「彼のどこがよかったんだろう?」と妙に冷静に考えてしまった経験もあるでしょう。そうです、ときめきが終われば愛も終わるのです。夢から醒めるようにPEAの幻想から冷めるのです。一説には、PEAは同じ人に対して1~4年で出なくなるといわれています。ということは永遠の愛なんてありえないということになります。

事実、世界的に離婚が最も多い時期を調べたところ、結婚後3~4年というのが最も多かったという報告もあります。最初は「相手の悪いところを見つけるのなんて難しい」と思っていても、長くつき合ううちにPEAが出にくくなると、妙に悪いところが目につくようになります。我慢できていた部分も我慢できなくなります。今までは許せていたことが、頭にくるようになります。これはPEAによるときめきが薄れ、徐々に冷静に物事を判断するようになってきたからだといえます。

もちろん、相手が一方的に浮気した、愛しているのに別れなければならなかったという特殊な事情がある場合は別です。しかし、PEAが冷めるにしたがってお互いのリズムが崩れ、不協和音を生み出し、決定的な別れを迎えるというのが、恋愛において最も多い終わりのパターンです。リズムが崩れるというのは、同一化が崩れるということで、同一化が達成されなければ人は好感を抱き続けることができなくなるのです。

「だったらPEAが冷めないようにすればいいじゃない」「そのためにはどんな努力だってするわ」と思われるかもしれません。ですがそれは物理的には無理なことです。変化を持たせる、刺激的な生活をするなど、大きな努力をすれば多少は延命できるかもしれません。でもそれは、1年が2年になるくらいが精いっぱいなのです。

恋愛におけるコストとは?

では、どうやったって愛は終わってしまうのでしょうか? 長く夫婦生活を続けているおじいちゃん、おばあちゃんは何なのでしょうか? その答えは「コスト」にあります。

コストとは、何か利益を得るときにかかる経費、労力、手間、時間など、すべてです。じつはコストこそが恋愛を長く続けようとする際の最大の障害で、もはやPEAを維持することができないとすれば、この障害をいかに取り除くことができるかが、恋愛を長続きさせられる唯一の方法であるといえます。

つまり、PEAは恋のガソリンです。前に進む推進力です。そしてガソリンは無限ではなく、量が限られています。一方コストはブレーキです。推進力を弱めるマイナス抵抗です。ということは、長く走り続けるためにはどうすればいいでしょうか？　ガソリンの量は決められているのですから、抵抗を少しでもなくすことしかないわけです。

ＰＥＡが発見される前ならば仕方ないことですが、科学の力によってＰＥＡの秘密が明かされつつある今、「ときめきを忘れずに、いつまでも愛するよう一生懸命努力します」なんていう考え方は意味がありません。コストを減らすことで初めて愛の寿命が延びるのです。このことを頭に入れておかなければ、どんな運命的な恋もいずれ幻になってしまうのです。

コストを減らすということ、それは、信頼や安心を作るということです。旅行に行くことひとつをとっても、あなたがわがままをいって「ここへ連れて行け」というのは、相手にコストをかけさせることになります。逆に相手が選んできた旅行先を一瞬でうなずくことで、相手にはストレスというコストがかからなくなります。彼が友だちとお酒を飲みに行くことに対してやきもちを妬いてガミガミいうことは相手にコストをかけさせることになります。逆に完全に信頼感が生まれ、安心している場合、浮気の心配などしないですみますからガミガミいうこともなく相手は精神的コストを感じません。

ただし、この状態はPEAが出ているとはお世辞にもいえません。つまり、人はPEAを失う代わりに信頼感や安心感を芽生えさせ、そのおかげでカップルを長期間維持していけるわけです。PEAが切れる前に、信頼感を作れなかったカップルは、残念ながら別れることになるようです。

では、そのコストを減らすことについて、次に述べていきましょう。

恋を長続きさせる方法

あなたは今の彼に対して、まあ満足している部分もあれば、不満に思う部分もあるでしょう。でも、その満足している部分と、不満な部分を差し引きすることで、満足している部分が大きければ一応満足ということになるし、不満のほうが大きければ満足していないということになるわけです。当然、満足度のほうが高ければ恋を終わらせようとは思いませんし、満足度が低ければ「終わりにしようかな」「別れたほうがいいのかも」と思うものです。つまり、満足度を高くしておくことが恋を長続きさせる秘訣であることがわかります。逆に満足度が下がれば別れに近づくことになります。

満足度にはコストが大きく関係します。なぜなら、満足度とは次のような公式で計算することができるからです。

満足度＝報酬－コスト

この簡単な式の中に恋愛を長続きさせるための重要なカギが隠されています。満足度は報酬からコストを引き算するとわかるのです。ですから、報酬が大きいか、コストが小さければ満足度は高いまま維持されることがわかります。

まず、恋愛における報酬とは、なんといってもときめきです。このＰＥＡによるときめきに勝るものはありません。恋は盲目というように、ときめいている状態では何も目に入らない、手につかないわけで、それだけで十分な満足感を得られるのです。また、優しい、価値観が近い、人間性が豊かであるなど、人間的な信頼感に基づくもの、お金、仕事、地位、名誉、プライドを満たしてくれる、自分にとってためになるなど、自分に利益をもたらしてくれるものも挙げられます。

一方のコストとは、先ほども述べたとおり、報酬を得るためにかかる経費、労力、手間、時間、精神的ストレスなどです。たとえば、無理をして一生懸命、理想の相手とつき合うことができたとします。すると当然、報酬は大きくなります。ところが、言いたいことも言えずに我慢しなければならない、料理洗濯掃除すべてをこなし、エッチも拒めば彼を怒らせてしまうかもしれないので断れない、浮気もしている気配があるけど怖くて確かめられない、電話もメールも自分から、というような状況が続いたらどうなるでしょうか？　いくら報酬が大きくてもコストが莫大なので、満足度は維持できなくなるのです。「何のためにこんな辛い思いをしているの？」「私ばっかり」「見返りがないじゃない」となるわけです。

恋愛における報酬の半分か、それ以上はＰＥＡによるときめきですから、当然、時間とともに報酬は減っていくわけですが、コストがそのままでは満足度は下がる一方です。

男性にとって最大の報酬がエッチ

男性の場合は、セックス自体が大きな報酬になります。そして、わがままはいわない、自分に尽くしてくれる、エッチしたいときにさせてくれる、浮気も暗黙の了解、苦手な電話やメールもしなくていいとなれば、コストはほとんどゼロになり、満足度は高いままになります。つまりPEAによる報酬が少なくても、満足度は保たれるので、この関係を自分から終わりにしようとは思いにくくなるのです。これがまさに〝都合のいい女〟の仕組みであり、その恋が長く続くわけがないことはいうまでもありません。

お互いがお互いを思いやり、相手のコストになるようなことをしないカップルは満足度を維持し、末永くいい関係を続けることができます。わがままをいわない、必要以上の束縛はしない、浮気をしない、お互いの仕事、趣味に対して理解を示す、家族友人に対してお互いに尊重、敬意を示す、価値観が近い、信用を裏切らない、そういったことがお互いのコストを減らすことになり、愛の寿命を延ばすことになるわけで、運命でも神秘でもなく人間同士の努力こそが必要なのです。

ただ言葉でいうのは簡単ですが、これを実践するのはものすごく大変なことで、それだけ大変な努力をしなければ愛は終わるものであるということを忘れないようにしましょう。

余談ですが、満足度の公式をもっと正確に表すと、

満足度＝報酬－コスト－比較水準

となります。じつは比較水準とは、先ほどから何度もいっている高望みの度合いのことです。人によって小さな幸せを満足と感じることができる人と、大きなメリットがないと満足しない強欲な人がいます。両親から十分な愛情を注いでもらえなかった人、逆に思いっきり甘やかされて育った人などは少々の愛情には反応せず、愛に強欲になります。これが高望みの原理です。ですから高望み体質の方ほど満足度を下げる、つまり満足感を感じにくい体質になるのです。ここでも高望みが恋愛を継続させるための大きな障害になっていることがわかります。

遠距離恋愛は続かない？

遠距離恋愛というのは、普通の恋愛に比べて苦労が多いものです。会いたくても会えない、お互い何をしているのか細かいことまでわからないので不安が大きいのですが、信頼するしかありません。会うにしても電話するにしてもお金がかかり、デメリットがたくさんあります。しかし、めったに会えないぶん、会えたときの喜びは大きいし、新鮮さを維持できるというメリットもあります。

仕事が忙しかったり、あまり干渉されたくないなんて人の場合には、逆によかったりすることもあります。ですがやはりデメリットのほうが大きく、遠距離恋愛を続かせることが非常に難しいことだというのは、ほとんどの方がなんとなく感覚的にわかっていることと思います。

それはなぜかというと、「コストが大きいから」ということと、「近くに住む異性に横取りされる」からです。報酬＝PEAによるときめきは、遠距離であってもそんなに普通の恋愛と変わらないことが多いのです。むしろ普通の恋愛よりもときめきは強いかもしれません。なぜならPEAは不安や緊張感、思うようにならないジレンマ、新鮮さなどによって増強されるからです。

ですから遠距離恋愛が続きにくいのは、普通の恋愛よりも圧倒的にコストが大きく、それよりもコストがかからない異性が近くに現れてしまうことが原因になります。「絶対にうまくいかない」「続かない」といっているのではありません。よりいっそう大きな努力が必要だといっているのです。

ですが、好んで遠距離恋愛をしている人は少なく、最初は遠距離じゃなかったのに転勤などで遠距離になったりと、さまざまな事情があって仕方なくという方も多いと思いますので、遠距離恋愛を成功させるための条件を考えてみましょう。それは次の４つです。

①お互いの魅力レベルが低いこと
②お互いの周囲に異性と接する機会が少ないこと
③近い将来、結婚する具体的な予定がある、もしくは遠距離が解消される予定があること
④遠距離になる前につき合っていた期間が長いこと

①の理由は恋愛が市場であり、競争であるからです。つまり恋愛はライバルや、自分よりも優秀な人、マメな人、積極的な人がいるからこそ競争になるわけで、このライバルが多ければそれだけ競争は激しくなります。ただでさえコストが大きい遠距離恋愛ですから、長くつき合えば当然満足度は簡単に低くなりがちで、そのような状態で近くにライバルが現れれば圧倒的に不利になります。ですからライバルが少ないことが必要であり、そのためにはお互いの魅力レベルが低い、つまり互いにあまりモテないことが要求されるわけです。②も同様で、周りにライバルがいない状態（無人島や、同性しかいない場所）ならいいわけです。

③の理由は、不利な状況が長く続けば続くほど、当然別れるリスクが高くなるので、一刻も早くその不利な状況を解消することができればいいわけです。そのため

には結婚、もしくは異動で遠距離を解消するしか方法がありません。いつまでも先の見えない状況であれば、ライバルに心移りする危険性が高くなります。

そして④の理由はこれまでかけてきたコストにあります。恋愛が長続きするための非常に重要な要因のひとつとして、今までどれだけの努力をしてその関係を築き上げてきたかという要素があります。人は、今まで苦労して多額のコストをかけたものを、そうやすやすと手放すことができないという経済原理に近い習性を持っています。つき合っている期間が長かったカップルは、当然その間に互いにかけあったコストが累積されているわけで、知らず知らずのうちに莫大になっています。このような場合、たとえ遠距離になったとしても、別れることは今までの努力を水の泡にすることとなので、なかなか別れにくいという気持ちが芽生えます。これがいわゆる「情が移って」とか「くされ縁」という状態です。

このように、普通の恋愛でさえ大変なのに、遠距離はコストが大きいので絶対的に不利であり、さらに大変なことなのです。その覚悟が曖昧な人は早めに諦めたほうが賢明でしょう。そして今現在遠距離で、その人と生涯をともにしたいと思っているならば、早めに一緒に住む、結婚する、などの対策を講じる必要があることはいうまでもありません。

本当に好きなのはどっち？〈乗り換えの公式〉

2人の人を同時に好きになる。そんな経験はありませんか？　「まったく同じくらい大好きで、どちらか1人に決められない」「つき合うには彼がいいけど、結婚するなら別の彼」「今の彼とは長くつき合って情があるし、でも一緒にいてときめくのはあの人だし」など、迷い方はさまざまです。

しかし、ごく一部の大胆な方々を除いて、普通はどちらか一方に絞らなければならないものです。そのとき、われわれ人間はどのようなことを頭の中で考えるのでしょうか？

「本当に好きなのはどっちなのか？」「どっちを選んだほうが得なのか？」「どっちを選ぶと損なのか？」誰もが一生懸命計算するのです。計算というと聞こえが悪く、なんか性格が悪そうですが、人間は普段から無意識にものすごい能力で計算しています。

たとえば、目の前に水たまりを発見したとします。さあ、あなたは飛び越えるのに何を考えますか？　ほとんどの人は何も考えずに、ぴょんと飛び越えることができるはずです。しかし、実際は脳の中でフル回転で計算が行われています。どのくらいの力で、どんな角度で、どのくらいの距離を飛べば飛び越えられるのか？　万が一、失敗したらどういう結果になるか？　または飛び越えずにそのまま突っ込んでもたいしたことにはならないのか？　隣りに気になる男性がいたら、あまり大股開きで飛ばないほうがいいのか？　「わざとはまったほうがウケるし、助けてもらえるからいいかも？」なんてことを、人間の脳はほんの一瞬で計算してしまうのです。これをコンピュータで計算するとしたら何時間もかかるくらい複雑な計算です。

ですから、迷うというのはその計算が複雑すぎて答えが出せない場合、またはその計算の答えが合っているのかさえわからない状態なわけです。そして悩んだ末に、あるひとつの答えをはじき出します。でもその答えが結果的に間違っている場合もあります。その場合は計算の仕方が間違っているのか、入力した情報が間違っているのか、答えの採点が間違っているのか、どれかということになります。恋人選びにおいてそんな後悔をしないためにも、便利な公式が存在するので覚えておくといいでしょう。

恋愛寿命＝満足度＋投資総量－選択比較水準（ラストバルトの公式）

これは、恋愛がいつ終わるのかという、恋愛寿命を計算できる魔法の公式です。ラストバルトという人が考え出したものです。この計算式の答えが大きいほうが、恋愛がより長く続く可能性が高いとなるわけです。

この公式を細かく説明すると、満足度とは先ほど書いたように、「報酬－コスト」ではじき出されます。問題は投資総量なのですが、これは簡単にいうと、今までその恋のために注ぎ込んできたものすべてです。プレゼント、デートなどに使ったお金、時間、労力などの他に、たとえば結婚していて2人で買った家、車、さらには子供などがあると投資総量は大きくなります。要するに別れた場合に思わず「返して」と言いたくなるようなものです。ですからバージンも、青春も、投資総量に含まれるわけです。

恋愛寿命は、ときめきなどの報酬が大きく、面倒くさいコストが少なく、今まで注ぎ込んだものが大きいほど別れづらい、つまりこれから先も長く続くということになります。同じブランドのバッグでも、どうでもいい人からタダでもらった物と、ずうっと欲しくてアルバイトしたり、節約して買った物とでは大切にする度合いが違いますよね？

最後の選択比較水準とは、乗り換えやすさです。要するに、気の多さと薄情さとモテ度を足して3で割ったようなものです。モテて、浮気者で、気が多く、薄情な人ほど乗り換えに走りやすいということです。

これは、どちらを選ぶか迷った場合に非常に有効だと述べましたが、じつは裏技にも使えます。裏技とは、相手に乗り換えさせるために使う技です。つまり好きな人に彼女や奥さんがいる場合に、自分に乗り換えさせることが可能かどうかの目安になるわけです。この計算式を使えば、単純に家もあって、子供も3人いて、10年連れ添った奥さんがいる人よりも、つき合って1年目で結婚していない人のほうが奪いやすいことがわかります。

彼の彼女と自分を比較して、魅力（報酬）がたいして変わらないのならば、コストが高いか、投資総量が低いか、ということが勝負の分かれ目になり、その辺を是正すれば奪える可能性が大きくなるわけです。ただし、あなたが奪ったということは、いずれまた別の人にも奪われる可能性も多々あるということで、彼の選択比較水準が高いということを覚悟しておきましょう。

文庫版あとがき

藤田徳人先生と恋愛科学のホームページを開設して以来、約7年もの間で、僕はのべ5000人以上のみなさんからの恋愛相談に答えてきたでしょうか。最初は藤田先生の依頼で、掲示板の質問に言いたい放題の毒舌で、暇を見ては好き勝手に回答していたものが、何を間違ったか大きな反響をいただいてしまいました。

よく、みなさんから「そのとおりなんです！」「なんでそんなにピッタリ当たるの？」「そんなことまでわかっちゃうんですか？」と、占い師と勘違いしているような反応が返ってくるのですが、なにも僕に特殊な能力があるわけではないのです。恋愛経験が人より多いわけでもありません。もちろん、超能力や霊能力もありません。風水も占星術も、いっさい使っていません。では、なぜわかるのか？

恋愛をひとつの図形だとします。○や△、◇や☆、いろいろな形があります。その図形を詳しく調べ、分析するには道具が必要です。長さを測る定規や、角度を測る分度器などです。じつは僕は、そんな道具を他人よりもちょっとだけ多く持っているだけなのです。

自分でいうのもなんですが、この道具はかなり使えます。今までの道具とはちょっとデザインや使い方が違うので、最初は戸惑うかもしれません。しかし、理解して慣れればこんなに使える道具はありません。そしてその基本的な道具は、すべてこの本の中に収めました。

ですから、この本に書いてあることをすべて理解できれば、みなさんは恋愛に対する強力な道具を手に入れたこととなるのです。あとはその道具をいかに使いこなすか、それだけです。

人は、その道具が示す数値を正面から受け入れるのに勇気がいります。特に自分のことや恋愛では、その数値を素直に受け止めにくいこともあります。1センチを1・2センチと思いたいのが人情です。ですが、1センチは1センチなのです。それ以上でもそれ以下でもありません。そんな当たり前のことを当たり前に受け入れられれば、この本はきっとみなさんの強力な味方になるはずです。みなさんがこの本を何度も読んで、長く愛してくれることを願っています。

上原英範

〈この作品は二〇〇二年に小社より刊行された『打算的恋愛のすすめ』を文庫化にあたり再編集し改題したものです〉

39188

藤田《ふじた》徳人《なるひと》・上原《うえはら》英範《ひでのり》

恋は打算的なほどうまくいく

●——二〇〇四年五月五日　初版発行

発行者——栗原幹夫

発行所——KKベストセラーズ

〒170-8457 東京都豊島区南大塚二-二九-七

電話〇三-五九七六-九一二一（代表）

振替〇〇一八〇-六-一〇三〇八三

企画・編集　ベストセラーズブックス社

印刷所——凸版印刷　製本所——積信堂

●——落丁・乱丁本はお取替えいたします。

定価はカバーに明記してあります。

Printed in Japan ISBN4-584-39188-2